살아있어 위대하다

풍자개의 『호생화집護生畫集』

지은이

풍자개 豐子愷, Feng Zikai

중국의 작가이자 화가, 만화가, 예술이론가, 예술교육가, 번역가. 1898년 11월 9일 절강성 석문현 옥계진에서 태어났다. 서당에서 공부할 때부터 그림 솜씨가 뛰어나 '어린 화가'로 이름을 날렸다. 절강성 제일사범학교에 입학해 이숙동(李叔同, 홍일법사)·하면존(夏丏尊)의 영향으로 문예의 길을 걷기 시작했다. 1927년 제일사범학교의 스승이었던 홍일법사를 따라 불문에 귀의했다. 법명은 영행(嬰行)이다. 이후 국립예술전문학교 교수와 중국미술협회 상무이사, 상해미술가협회 부주석을 역임했다. 1975년 9월 15일 폐암으로 사망했다.

옮긴이

박동욱 朴東昱, Pak Dong-uk

한양대학교 인문과학대 교수이자 늘 새로운 학술 주제를 발굴하고 연구하는 한문학자이다. 『라쁠륨』을 통해 등단한 현대시 작가이기도 하다. 한문학을 학술적으로 엄밀히 연구하면서도, 그 문학성에 주목해 쉽고 편안한 문체로 풀어내 독자들에게 고전의 재미와 의미를 전하고 있다. 지은 책으로 『하루 한편 우리 한시』, 『처음 만나는 한시, 마흔여섯 가지 즐거움』, 『조선의 좌우명』, 『중년을 위한 명심보감』, 『눈썹을 펴지 못하고 떠난 당신에게』, 『그렇게 아버지가 된다』, 『너보다 예쁜 꽃은 없단다』, 『살아있는 한자 교과서』(공저) 등이 있고, 옮긴 책으로는 『눈 내린 길 함부로 걷지 마라-산운집』, 『승사록, 조선 선비의 중국 강남 표류기』, 『혜환 이용휴 시전집』(공역), 『혜환 이용휴 산문전집』(공역), 『북막일기』(공역) 등이 있다.

풍자개 수필집 02
살아 있어 위대하다 풍자개의 『호생화집(護生畫集)』

초판발행 2025년 11월 30일

지은이 풍자개
옮긴이 박동욱

펴낸이 박성모
펴낸곳 소명출판
출판등록 제1998-000017호
주소 서울시 서초구 사임당로14길 15 서광빌딩 2층
전화 02-585-7840
팩스 02-585-7848
이메일 somyungbooks@daum.net
홈페이지 www.somyong.co.kr

ISBN 979-11-7549-015-4 03820
정가 17,000원

풍자개
수필집
02

풍자개 지음
박동욱 옮김

살아있어
위대하다

풍자개의 『호생화집』

1. 붓과 마음의 구도자, 펑츠카이

펑츠카이豐子愷, 1898~1975는 중국의 저명한 화가이자 문학가이다. 불교적 세계관과 예술적 감수성을 융합하여 독창적인 작품 세계를 구축했다. 문학, 미술, 음악 등 다양한 예술 분야에서 활동하였으며, 특히 불교 사상을 반영한 다수의 예술작품을 남겼다.

그는 1898년 중국 저장성浙江省 통상桐鄉에서 태어났다. 어린 시절부터 예술에 높은 관심을 보였다. 후에 상하이 미술학교에서 서양화와 중국화를 함께 공부하였고, 일본 유학을 통해 서구 미술 기법을 접하여 이를 중국화中國畵와 결합했다. 그의 그림에는 서양화, 중국화, 일본 유학 체험이 뒤섞인 독특한 화풍을 발견할 수 있다.

펑츠카이의 사상적 전환은 1927년 홍일법사弘一法師,

---

* 해제 작성에 여러 권의 중국 책과 논문을 참고했으나, 일일이 적시하지 않는다.

1880~1942와의 만남을 계기로 이루어졌다. 홍일법사는 원래 명망 높은 예술가이자 법률가였으나, 후에 출가하여 불교에 귀의한 인물이었다. 그의 영향으로 펑츠카이는 불교 사상에 심취하게 되었으며, 이후 그의 예술작품에도 불교적 주제가 적극적으로 반영되기 시작했다. 그는 대승불교의 "일체중생개유불성一切衆生皆有佛性" 사상을 바탕으로, 인간뿐만 아니라 동물과 자연까지도 존중해야 한다는 윤리적 가치를 강조하였다.

2.『호생화집』- 생명, 사랑, 자비의 예술

1)『호생화집』의 탄생 배경

1920년대 펑츠카이는 중국 근대 미술 교육에 힘쓰며, 예술을 통한 사회적 메시지 전달에 주력했다. 앞서 언급한 홍일법사와의 만남 이후 그의 예술 세계는 완전히 달라졌다. 펑츠카이는 홍일법사의 권유로『호생화집』제작을 시작했다.『호생화집』의 시문詩文은 홍일법사, 마이푸馬一浮, 리위안징李圓淨, 샤디앤쥔夏丏尊 등 불교학자 및 문인들이 공동 집필하였으며, 작품마다 짧은 시문詩文과 그에 어울리는 회화가 삽입되어 있다. 1929년 초집初集 출간 이후 총 6집에 걸쳐 완성되었으며, 그의 생애 동안 지속해서 발전했다.

『호생화집』은 불교 사상을 토대로 한 생명 존중 메시지를 전달하는 작품이다. 장면마다 동물, 자연, 인간이 조화롭게 공존하는 모습을 짧은 시문과 함께 담아냈다. 그는 "호생즉호심護生即護心" — 곧 생명을 보호하는 것이 자신의 마음을 보호하는 것이라는 불교적 사상 — 을 강조하였다.

펑츠카이의 작품은 단순한 예술 창작을 넘어 불교 윤리를 시각화한 사례라고 말할 수 있다. 그의 예술은 오늘날 환경 보호와 동물 복지, 생명 존중 사상과도 연결된다. 특히 『호생화집』은 인간 중심적 세계관을 넘어서 생태적 공존을 강조한다. 그의 작품은 단순한 미술 작품 이상의 철학적·윤리적 메시지를 담고 있다.

2) 작품의 형식과 구성

『호생화집』은 한 면에는 호생護生과 관련된 시문을, 다른 한 면에는 호생과 관련된 그림을 배치했다. 모두 450폭의 호생화와 450편의 시문으로 구성되며, 펑츠카이는 그림뿐 아니라 출판 과정에서도 중요한 역할을 수행했다.

각 판본은 시대와 사회 변화에 따라 메시지에 차이가 있다. 초집과 속집은 불교적 생명 존중 사상을 강조하지만,

이후 판본들은 전쟁과 사회 변동을 반영해 현실적 메시지를 강화한다. 마지막 6집은 『호생화집』의 정수를 집대성한 작품이다.

초집부터 6집까지 자료를 분석한 결과, 양적 변화뿐 아니라 내용 특성 변화도 나타난다. 초기에는 짧은 이야기 위주이나, 후기로 갈수록 서사가 깊어지고 철학적 성찰이 더해진다. 특히 3집 이후부터 등장인물의 성격 묘사가 정교해지고 주제의식도 깊어진다.

3) 핵심 사상과 철학적 배경

『호생화집』의 핵심 사상은 네 가지로 요약된다.

첫째, "호생즉호심" 개념으로 생명을 보호하는 것이 곧 마음을 보호하는 것임을 제시한다.

둘째, 불교의 평등·자비 정신을 바탕으로 모든 생명체가 불성을 지닌 존재임을 강조하며, 인간과 동물 간 경계를 허문다.

셋째, 인간 고유의 자비와 측은지심을 통해 일상 속 작은 선행으로 생명 존중 실천을 권장한다.

넷째, 생태 보전과 평화로운 공존의 이상을 제시하며 인간과 자연이 조화롭게 살아가는 세계를 지향한다.

『호생화집』은 불교 경전이나 문헌을 많이 차용했으며, 특히 대승불교 화엄경 사상과 자비 사상을 근간으로 한다. 이러한 철학적 배경으로 말미암아 이 작품은 순수 예술의 범주를 넘어 불교 교화서의 성격을 함께 지니게 된다.

『호생화집』 변화는 단순한 이야기 모음집에서 체계적이고 철학적인 문학작품으로 발전하는 과정을 보여준다. 초기에는 도덕적인 교훈이 중심이나, 점차 사회 비판적 성격과 정교한 인물·구조가 두드러진다.

3. 『호생화집』의 주제 의식과 현대적 의의

『호생화집』에 실린 산문과 시가는 다양한 주제를 포괄하며 여러 범주로 분류된다. 『호생화집』은 다음과 같은 여섯 가지 주제적 특징을 지닌다.

첫째, 인간과 동물을 동등한 생명체로 인식하며, 존재의 위계 없이 모두가 존중받아야 할 대상으로 그린다는 점에서 '동물과 인간의 평등한 관계'를 강조한다.

둘째, 자비심은 특별한 상황에서 발휘되는 것이 아니라 누구나 실천할 수 있는 일상적 윤리라는 점에서 '일상 속

자비의 실천'을 강조한다.

셋째, 벌레 한 마리를 살리고, 짓밟힐 위기의 달팽이를 옮겨주는 등 구체적인 장면을 통해 '생명 존중의 구체적 사례들'을 제시하며, 독자들에게 깊은 감동을 준다.

넷째, 불교 대승 사상에 기반하여 모든 중생이 불성을 지니고 있다는 관점에서 '불교적 생태 윤리의 구현'을 추구한다.

다섯째, 동물이나 작은 생명에 감정을 이입하고 그 고통을 자신의 고통처럼 여기는 태도를 통해, 유가의 '측은지심'과도 연결되는 '감정 이입의 미학'을 보여준다.

여섯째, 인간이 자연을 지배하거나 파괴하는 존재가 아니라, 함께 공존하고 조화를 이루어야 한다는 '평화로운 공존의 이상'을 작품 전반에 걸쳐 제시하고 있다.

이처럼 『호생화집』은 단순한 산문집이 아니라 다층적이고 심층적인 가치를 지닌 작품이다. 이 책은 전통 문학 형식을 유지하면서도, 시대적 변화와 요구를 반영한 독창적인 문학작품으로 평가된다. 전통과 근대를 아우르고, 유교적 가치와 새로운 시대의 윤리를 동시에 담아낸 문학적 시도이기도 하다.

요즘 반려동물에 관한 관심이 커졌다. 인간에 대한 혐

오가 동물에 대한 사랑으로 바뀌는 게 아니라, 인간에 대한 사랑이 동물로, 더 나아가 모든 살아 있는 것에 대한 경외로 넓혀지기를 바란다. 모든 살아 있는 것에 경외감을 느낀다면 인간이나 다른 동식물에 대해서 함부로 할 수는 없을 것이다.

이 책은 이미 5년 전에 번역을 마쳤으나, 여러 출판사에서 저작권 문제를 해결하지 못해서 출간을 포기하고 있었다. 소명출판 박성모 사장님과 홍승직 교수님의 도움이 없었다면 출간되기 쉽지 않았을 것이다. 두 분께 진심으로 감사드린다.

내 아들 유안이가 중학교 2학년이 되었다. 유안이가 이 책의 그림과 글을 보고 세상에 대한 따뜻한 마음과 살아 있는 것에 대한 경외를 갖길 바라며, 아들에게 들려주는 심정으로 한 편 한 편 번역했다. 쉰을 넘기고 예순을 앞둔 지금 나를 위로해주는 글귀를 적으며 글을 마친다.

"제자들이여 힘써 공부하라, 하늘이 잊지 않으리라[弟子勉學 天不忘也]"

2025년 8월 4일 역자가 쓰다

차례

衆生

是六衆生　與我體同

應起悲心　憐彼昏蒙

普勸世人　放生戒殺

不食其肉　乃謂愛物

중생衆生

이들 또한 중생衆生이니
내 몸과 더불어서 다름이 없네.
응당 슬픈 마음이 생겨나서는
저 어리석은 것들 불쌍히 여기네.
세상 사람들에게 널리 권하니,
산 것을 놓아주고 살생을 말라.
그 짐승 고기 먹지 않는다면
이를 동물 사랑한다 이를 것이네.

是亦衆生, 與我體同,
應起悲心, 憐彼昏蒙.
普勸世人, 放生戒殺,
不食其肉, 乃謂愛物.

15

生的扶持

一蟹失足
二蟹持扶
物知慈悲
人何不如

부축 [生的扶持]

어떤 게가 발을 잃으니,
다른 게가 부축 해주네.
미물들도 자비를 알고 있는데
사람은 어찌하여 그만 못한가?

一蟹失足, 二蟹持扶,
物知慈悲, 人何不如?

今日与明朝

日暖春風和　策杖游郊園

雙鴨泛清波　群魚戲碧川

為念世途險　歡樂何足言

明朝落綢罟　繫頸陳市廛

思彼刀砧苦　不覺悲淒潸

오늘과 내일[今日與明朝]

따스한 날 봄바람 부드러운데,

지팡이 짚고 동산 돌아다녔네.

오리 한 쌍 물결 위 떠서 있었고,

물고기 떼 시내에서 장난을 치네.

세상 길에 험난함 생각을 하니,

즐거움이야 말해 무엇 하리오.

내일 되어 그물 속 걸리게 되면

목 매달아 저자에 진열이 되리.

칼과 도마의 고통 생각을 하니

나도 몰래 슬픈 눈물 흘러내리네.

日暖春風和, 策杖遊郊園,

雙鴨泛淸波, 群魚戲碧川.

爲念世途險, 歡樂何足言?

明朝落網罟, 繫頸陳市廛.

思彼刀砧苦, 不覺悲淚潸!

母之羽

雛兒依殘羽　殷々戀慈母
母比兒不知　猶復相環守
念此親愛情　能勿悽心否

感應類鈔云眉州鮮于氏因合藥碾一蝙蝠為末及和劑
時有數小蝙蝠聚其上而未閒蓋識母氣為來也一家
為之澘然令畧擬其意作母之羽圖

어미의 날개[母之羽]

병아리 남아 있는 날개에 기대
간절하게 어미를 그리워하네.
어미 죽고도 새끼 알지 못하고
여전히 빙 둘러서 지키는구나.
이 친밀한 사랑의 정 생각한다면
마음이 서글프지 않을 수 있나.

(『감응유초感應類鈔』에 이르기를 "미주眉州 땅 사람 선우씨鮮于氏는 약을 지을 때 박쥐 한 마리를 갈아서 가루로 만들었다. 가루를 섞어서 약을 지을 때 어린 박쥐 몇 마리가 둘러서서 그 위에 모였다. 눈도 아직 뜨지 못하지만, 어미의 기운을 알아보고 온 것이니, 온 집안사람들이 이를 보고 눈물을 흘렸다"라 하였다. 지금 대략 그 뜻을 헤아려서 '모지우母之羽'라는 그림을 그렸다.)

雛兒依殘羽, 殷殷戀慈母.
母亡兒不知, 猶復相環守.
念此親愛情, 能勿淒心否?

(『感應類鈔』云 : "眉州鮮于氏, 因合藥, 碾一蝙蝠爲末. 及和劑時, 有數小蝙蝠圍聚其上. 面目未開, 蓋識母氣而來也, 一家爲之灑淚." 今略擬其意, 作"母之羽"圖.)

「吾兒!?」

畜生亦有母子情
犬知護兒牛舐犢
雞為守雛身不離
鱔因愛子常惕縮
人貪滋味美口腹
忍苦折間他春屬
畜生哀痛盡如人
只差有淚不能哭

慧道人詩 刪潤

내 아이["吾兒?!"]

짐승도 모자^{母子} 간의 정은 있어서

개는 새끼 보호하고 소도 송아지 핥네.

닭은 병아리 지키려고 곁에다 두고,

물고기는 새끼 사랑해서 항상 몸 움츠리네.

사람은 좋은 맛 탐해 입과 배만 생각하니

어찌 그리 가혹하게 남의 가족 갈라놓나.

동물도 애통해함 사람과 똑같지만,

다만 약간 눈물 흘릴 뿐 곡할 수는 없네.

(혜도인^{慧道人}의 시인데 다듬어 고쳤다.)

畜生亦有母子情, 犬知護兒牛舐犢.

雞爲守雛身不離, 鱔因愛子常惴縮.

人貪滋味美口腹, 何苦拆開他眷屬?

畜生哀痛盡如人, 只差有淚不能哭.

(慧道人詩删潤)

今日不喫他　将来他喫尓

循環作主人　同是親与子

參用宋黄庭堅詩句　日本風俗有以雞肉与卵置於飯上而食之者名親子丼親謂父母子謂兒女丼者彼邦俗解謂是陶製

大益也雖為親卵為子此二物共置盆中故曰親子丼

親与子

親子丼

부모와 자식[親與子]

오늘 그대 저들을 먹게 된다면
미래에 저들이 그댈 먹을 것이네.
돌고 돌며 주인이 될지라도
똑같은 부모와 자식일 뿐이네.

(송宋나라 황정견黃庭堅의 시구를 참고하여 사용했다. 일본 풍속風俗에 닭고기와 계란을 함께 밥 위에 얹어서 먹는 것이 있으니, 친자정親子丼이라 한다. 친親은 부모를, 자子는 자녀를 뜻한다. 정丼은 일본의 일반적 해석에 따르면 도자기로 만든 큰 사발을 일컫는다. 닭은 어버이가 되고 계란은 새끼가 되는데, 이 두 가지를 함께 사발 위에다 놓으므로 '친자정'이라 한다.)

今日爾喫他, 將來他喫爾,
循環作主人, 同是親與子.

(參用宋黃庭堅詩句. 日本風俗, 有以雞肉與卵置於飯上而食之者, 名"親子丼". "親"謂父母, "子"謂兒女. "丼"者, 彼邦俗解, 謂是陶制大碗也. 雞爲"親", 卵爲"子", 以此二物共置碗中, 故曰"親子丼".)

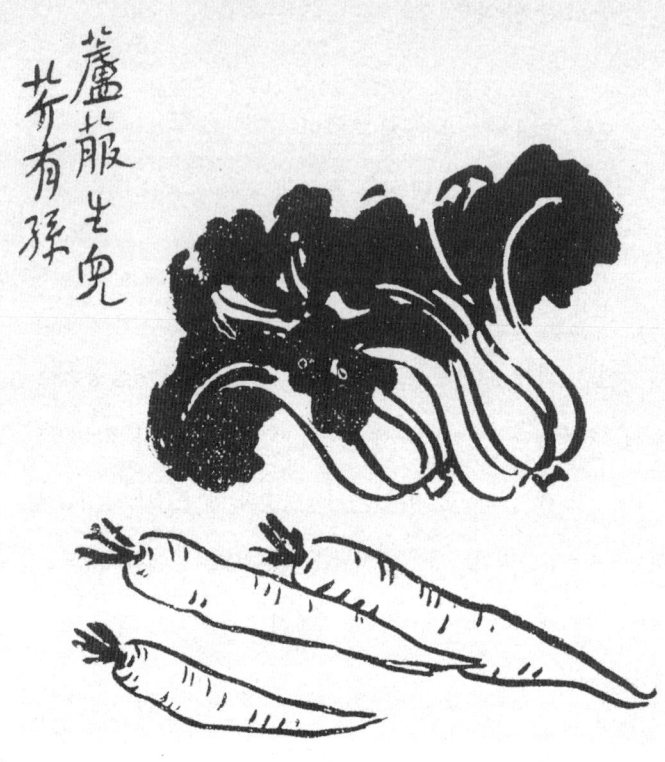

蘆菔生兒
芥有孫

秋來霜露滿東園
蘆菔生兒芥有孫
我與何曾同一飽
不知何苦食雞豚

宋蘇軾詩

채소로 배부르다 [蘆菔生兒芥有孫]

가을 되자 서리 이슬 동원에 가득한데,

무는 뿌리 박고 겨자는 싹 틔우네.

나와 하증[何曾]이나 배부른 건 똑같건만,

어찌 굳이 닭과 돼지고기만을 찾으리오.

(송[宋]나라 소식[蘇軾]의 「채소를 따다[擷菜]」)

秋來霜露滿東園, 蘆菔生兒芥有孫.

我與何曾同一飽, 不知何苦食雞豚?

(宋蘇軾詩)

!!!

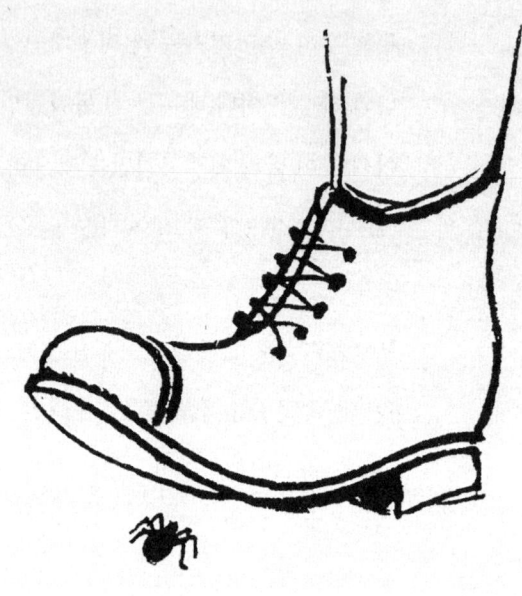

麟為仁獸　靈秀而鍾
不踐生艸　不履生蟲
緊吾人類　應知其義
舉足下足　常須留意
既勿故殺　亦勿誤傷
長我慈心　存我天良

兒時讀毛詩麟趾章註云麟為仁獸不踐生艸不履
生蟲余諷其文深為感歎四十年來未嘗忘懷今撰護
生詩歌引述其義後之覽者幸共知所警惕焉

기린의 가르침(!!!!)

기린은 인수仁獸*가 되니

영묘한 기운이 모이는 곳이네.

살아 있는 풀들을 밟지 않았고

살아 있는 벌레도 밟지 않았네.

우리 인류들은

마땅히 그 의미를 알아야 하네.

발을 들거나 내려 놓을 때에도

그 언제나 유의를 하여야 하네.

이미 고의로 살상치 말 것이며,

과실로도 다치게 하지 말아야 하네.

내 인자한 마음을 자라게 하고

내 타고난 양심을 보존해야 하네.

(내가 어렸을 때 『시경』의 「인지麟趾」장章의 주를 읽었는데 이르기를 "기린은 인자한 짐승이니, 살아있는 풀을 밟지 않으며 살아 있는 벌레를 밟지 않는다"라 하였다. 내가 그 문장을 암송하고 깊이 감탄을 하고는 40년 동안 일찍이 이 생각을 잊은 적이 없었다. 이제 생명을 보호

---

* 인수(仁獸) : 전설(傳說) 상의 동물(動物)인 기린의 딴 이름이다.

!!!

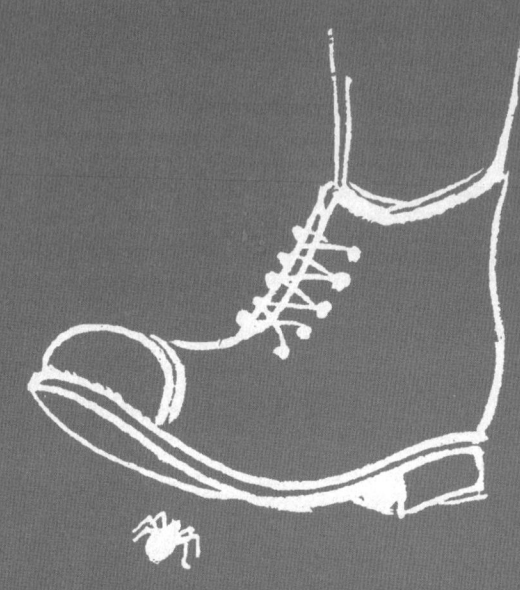

하는 시를 짓게 되어 그 뜻을 인용하여 말하니, 뒷날의 독자들은 다 함
께 경계할 바를 알기 바란다.)

麟爲仁獸, 靈秀所鍾,

不踐生草, 不履生蟲.

繫吾人類, 應知其義.

擧足下足, 常須留意.

旣勿故殺, 亦勿誤傷,

長我慈心, 存我天良.

(兒時讀『毛詩』·「麟趾」章, 注云 : "麟爲仁獸, 不踐生草, 不履生蟲."
余諷其文, 深爲感歎, 四十年來, 未嘗忘懷. 今撰護生詩歌, 引述其義. 後之
覽者, 幸共知所警惕焉!)

干戈兵革鬥未止

鳳凰麒麟安在哉

吾徒胡為縱此樂

暴殄天物聖所哀

唐杜甫詩

兒戲其二

어린애 장난(첫 번째)[兒戱(其一)]

온갖 무기 들고 싸우길 안 멈추니

봉황과 기린은 어디에 있겠는가.

우리는 어이하여 즐거움 맘껏 누리나

하늘의 만물 해침은 성인도 슬퍼한 일인데.

(두보의 「다시 고기잡이를 보다[又觀打魚]」)

干戈兵革鬪未止, 鳳凰麒麟安在哉?

吾徒胡爲縱此樂, 暴殄天物聖所哀!

(唐杜甫詩)

教訓子女　宜在幼時
先入為主　終身不移
長養慈心　勿傷物命
克此一念　可為仁聖

兒戲其二

어린애 장난(두 번째) [兒戱(其二)]

자녀들 가르치고 타이르는 건
당연히 어릴 때에 하여야 하니
먼저 맘에 들어가 자리 잡아야,
평생토록 그 뜻이 흔들림 없네.
인자한 그 마음을 키워 나가서
사물 생명 다치지 않게 하여라.
이러한 한 생각을 가득 채우면
어진 성인 되기를 바랄 수 있네.

敎訓子女, 宜在幼時,
先入爲主, 終身不移.
長養慈心, 勿傷物命,
充此一念, 可爲仁聖.

莫謂蟲命微
沉溺而不援
應知惻隱心
是為仁之端

沈溺

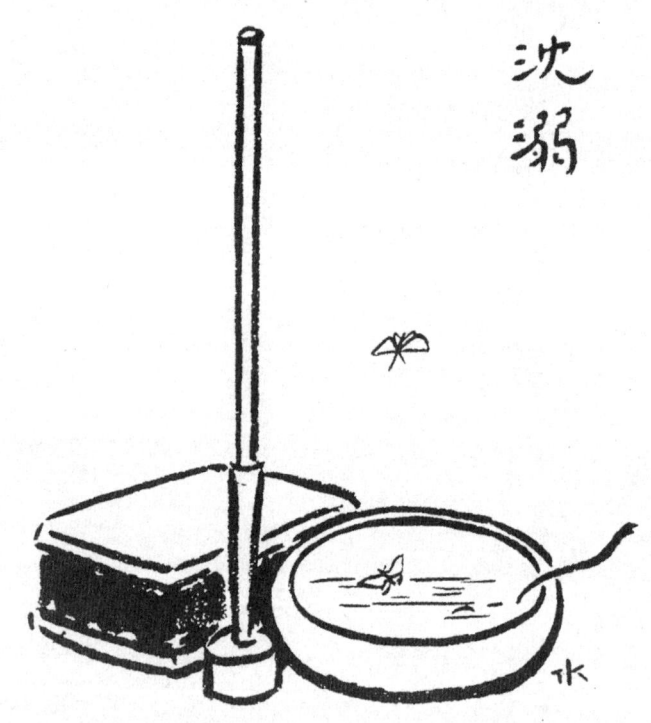

水

벌레가 물에 빠지다[沈溺]

벌레의 목숨일랑 하찮다 여겨
빠져 죽어도 모른 척 하지를 마라.
진정 알리라. 측은한 마음은
바로 인의 단서端緒가 된다는 것을.

莫謂蟲命微, 沈溺而不援,
應知惻隱心, 是爲仁之端.

若謂青蠅污
揮扇可驅除
豈必矜殘殺
傷生而自娛

暗殺其一

남몰래 죽이다(첫 번째) [暗殺(其一)]

만약에 쉬파리가 더럽다 한다면
부채질로 쫓아내면 그만일 텐데,
어찌 꼭 죽이기를 자랑을 하며
생명 해쳐 스스로 즐거워하랴.

若謂靑蠅汚, 揮扇可驅除,
豈必矜殘殺, 傷生而自娛.

暗殺其二

誰道群生性命微
一般骨肉一般皮
勸君莫打枝頭鳥
子在巢中望母歸

唐白居易詩

남몰래 죽이다(두 번째) [暗殺(其二)]

그 누가 동물 목숨 하찮다 했나.

똑같은 골육에다 똑같은 가죽인데.

그대여! 가지 위에 있는 새 잡지 마오.

새끼가 둥지에서 어미 오길 기다리니.

(백거이의 「새[鳥]」)

誰道群生性命微, 一般骨肉一般皮,

勸君莫打枝頭鳥, 子在巢中望母歸.

(唐白居易詩)

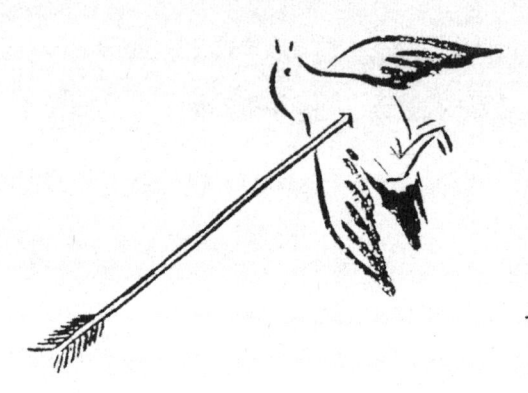

訣別之音

落花辭枝
夕陽欲沈
裂帛一聲
凄入秋心

이별의 소리 [訣別之音]

지는 꽃은 가지를 떠나 버리고,

석양은 서서히 저물어가는데,

비단 찢는 한 소리가

서글프게 가을 마음에 스며드네.

落花辭枝, 夕陽欲沈,

裂帛一聲, 淒入秋心.

生離歟？
死別歟？

生離嘗惻惻
臨行復回首
此去不再還
念兒兒知否

돌아오지 못할 길 [生離歟? 死別歟?]

살아서 이별함이 딱해서인지
떠나려 할 땐 다시 고개 돌리네.
이번 가면 돌아올 수 없으니
새끼 생각하는 걸 새끼 알겠나.

生離嘗惻惻, 臨行復回首,
此去不再還, 念兒兒知否?

倘使羊識字……

倘使羊識字
淚珠落如雨
口雖不能言
心中暗叫苦

만일 양이 글자 안다면[倘使羊識字]

만일 양에게 글자 알게 한다면,
구슬같은 눈물이 비처럼 지리.
입으로는 비록 말을 못하지마는,
마음 속 남모르게 비명 지르리.

倘使羊識字, 淚珠落如雨,
口雖不能言, 心中暗叫苦.

之命

吾不忍其觳觫
無罪而就死地
普勸諸仁者
同發慈悲意

살려달라 애원하다[乞命]

벌벌 떠는 꼴 차마 못 보겠노니
죄 없는데도 사지死地로 나가기 때문이네.
인자한 이들에게 널리 권하니,
자비의 마음 함께 펼쳐보소서.

吾不忍其觳觫, 無罪而就死地,
普勸諸仁者, 同發慈悲意.

憶昔襁褓時　嘗啜老牛乳
年長食稻粱　賴爾耕作苦
念此養育恩　何忍相忘汝
西方之學者　倡人道主義
不啗老牛肉　淡泊樂蔬食
卓哉此美風　可以昭百世

農夫與乳母

농부와 유모 [農夫與乳母]

1

생각건대 옛날 포대기에 있을 때에

일찍이 늙은 소의 우유 마셨고,

나이 들자 곡식을 먹게 됐으니,

네가 고된 농사를 지은 덕이었네.

이렇게 길러준 은혜 생각을 하면

어찌 차마 너를 잊을 수 있나.

憶昔襁褓時, 嘗啜老牛乳,

年長食稻粱, 賴爾耕作苦,

念此養育恩, 何忍相忘汝.

2

서양에서 공부한 학자들은

인도주의를 제창하여서

늙은 소의 고기는 먹지를 않고,

담백하게 채식만 즐기고 있네.

우뚝하도다! 이 아름다운 풍속이여

憶昔襁褓時　嘗啜老牛乳

年長食稻梁　賴爾耕作苦

念此養育恩　何忍相忘汝

西方之學者　倡人道主義

不噉老牛肉　澹泊樂蔬食

卓哉此美風　可以昭百世

農夫與乳母

백 세를 두고서는 빛나리라.

西方之學者, 倡人道主義,

不啗老牛肉, 淡泊樂蔬食,

卓哉此美風, 可以昭百世!

挟彈隱衣袂　入林群鳥駭
狗屠一鳴鞭　眾吠徒之罷
因果苟無徵　視斯亦已昭
與其啜羣生　寗我吞千刀

明陶周望詩

나의 허벅지 ["我的腿!"]

쇠뇌 끼고 옷소매로 가리고서는
숲에 드니 새들이 울어댔으며,
개백성이 한번 채찍 휘둘러대자,
짖는 개들 따라서 시끄럽다네.
인과 이치 징험이 없다 하여도,
이를 보면 이미 환히 밝혀지네.
그 동물들 삼켜서 먹기 보다는
차라리 내 모든 칼 삼켜 버리리.

(명明나라 도주망陶周望의 「생명시 10수」)

挾弩隱衣袂, 入林群鳥號,
狗屠一鳴鞭, 衆吠從之囂.
因果苟無徵, 視斯亦已昭,
與其噉群生, 寧我吞千刀!

(明 陶周望詩)

肉鋪

示衆

景象太悽慘
傷心不忍觀
夫復有何言
掩卷淚如雨

참혹한 광경 앞에서^[示衆]

모습이 너무나도 처참하노니
마음 아파서 차마 볼 수가 없네.
무릇 다시 무엇을 더 말하겠나
책을 덮고 눈물을 줄줄 흘리네.

景象太悽慘, 傷心不忍覩,
夫復有何言, 掩卷淚如雨!

千百年來盌裏羹

冤深如海恨難平

欲知世上刀兵劫

但聽屠門夜半聲

頌雲禪師戒殺詩

修羅

수라修羅*

천백 년 먹어왔던 사발 속 고깃국은

바다처럼 원한 깊어 한 풀기 어렵도다.

세상의 전쟁 재앙 알고 싶다면,

한밤중 도살장 소리 들어보면 되리라.

(원운선사願雲禪師 의 「살생을 경계하는 시[戒殺詩]」)

千百年來盌裏羹, 冤深如海恨難平,

欲知世上刀兵劫, 但聽屠門夜半聲.

(願雲禪師, 「戒殺詩」)

★　수라(修羅) : 싸움을 잘하는 용맹(勇猛)스런 귀신(鬼神)의 이름이다.

喜氣溢門楣
如何慘殺戮
唯欲家人歡
那管畜生哭

喜慶的代價

기쁜 경사의 대가 ^[喜慶的代價]

기쁜 기색 문설주에서 넘쳐나나

어찌 그리 무자비한 살육하는가?

오직 식구 기쁘게 하려고 해서,

어이하여 짐승들 곡하게 하리.

喜氣溢門楣, 如何慘殺戮?

唯欲家人歡, 那管畜生哭.

雞夜乞競先鳴

此蕭殘磨五更

染千刀流不盡

他杯酒話春生

清彭際清除夕有感詩

蕭然的除夜

쓸쓸한 섣달 그믐날 밤[蕭然的除夜]

이웃집 닭 밤마다 먼저 울려 다투다가

섣달 그믐 되니 쓸쓸히 오경을 보내네.

수많은 칼날 피가 끊임없이 흐르는데

한 잔 술 곁들이며 봄날을 얘기하네.

(청淸나라 팽제청彭際淸의 「섣달 그믐 밤에 느끼는 바가 있어[除夕有感]」)

鄰雞夜夜競先鳴, 到此蕭然度五更,

血染千刀流不盡, 佐他杯酒話春生.

(淸 彭際淸, 「除夕有感」詩)

好花經摧折
曾無幾日香
顦顇騰殘姿
明朝棄道旁

殘廢的美！

쇠잔한 아름다움 [殘廢的美]

좋은 꽃을 꺾어서 두었더니만,
며칠 만에 향기가 사라져 버렸네.
수척하게 남아 있는 시든 모습을
내일에는 길가에 버리는구나.

好花經摧折, 曾無幾日香,
顦頓賸殘姿, 明朝棄道旁.

生機

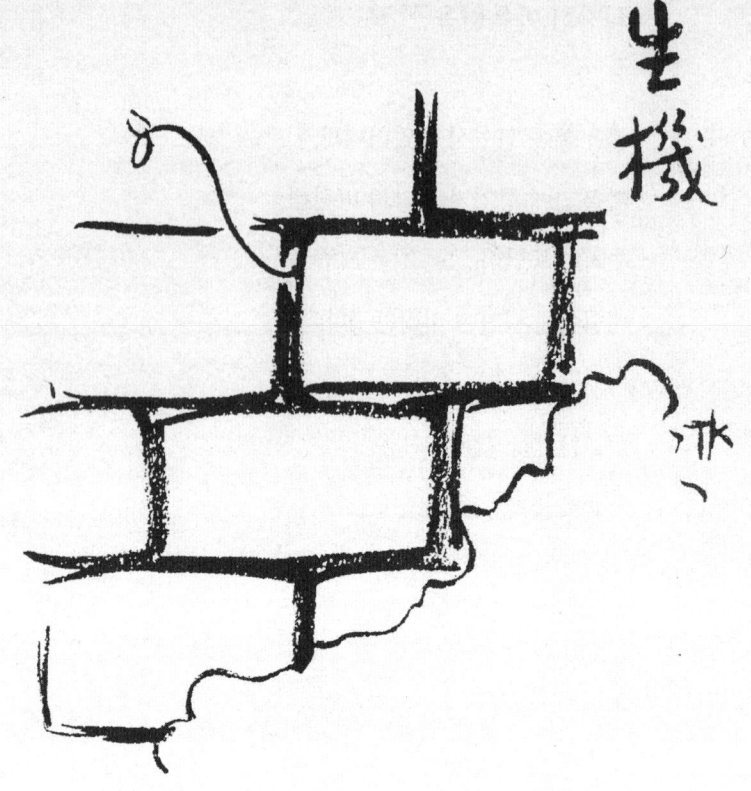

小草出墙腰
亦復饒佳致
我為勤灌溉
欣々有生意

생명력 [生機]

담장 중간 작은 풀 난다 하여도
다시 우아한 운치 넘치는구나.
난 풀 위해 부지런히 물을 주노니
싱싱하게 생기가 차오르누나.

小草出墻腰, 亦復饒佳致,
我爲勤灌漑, 欣欣有生意.

人在牢獄　終日愁歎
鳥在樊籠　終日悲啼
聆此哀音　悽入心脾
何如放捨　任彼高飛

囚徒之歌

죄수의 노래 [囚徒之歌]

사람이 감옥 안에 갇혀 있을 땐
온종일 시름하고 한숨을 쉬며,
새들이 새장 안에 있게 됐을 땐
온종일 구슬프게 울어대누나.
이렇게 슬퍼하는 소리 들으면,
슬픔이 가슴 속에 파고든다네.
어떻게 하면 새를 놓아 주어서,
하늘 높이 날도록 해줄 것인가.

人在牢獄, 終日愁欷,
鳥在樊籠, 終日悲啼.
聆此哀音, 凄入心脾,
何如放捨, 任彼高飛

汝欲延生聽我語
凡事惺惺須求己
如欲延生須放生
此是循環真道理
他若死時你救他
汝若死時人救你

回道人詩

遇救

사면을 만나다 [遇赦]

네 수명 늘리려면 내 말을 들어야 하니,

모든 일에 똑똑히 자신에게 구해야 하리.

장수하고 싶다면 생명 놓아 줘야 하니

이것이 세상이 순환하는 참된 이치이네.

남이 죽을 때에 네가 구해주면

네가 죽을 때에 남도 너를 구해주리.

(여동빈呂洞賓의 시)

汝欲延生聽我語, 凡事惺惺須求己.

如欲延生須放生, 此是循環眞道理.

他若死時你救他, 汝若死時人救你.

(回道人詩)

夕日落江渚
炊煙起村墅
小鳥亦歸家
殷々戀舊主

投宿

투숙하다[投宿]

저녁 해가 강가에 떨어지노니,
시골집에 밥 짓는 연기 오르네.
작은 새들도 집에 돌아갔으니,
간절하게 옛 주인 그리워서네.

夕日落江渚, 炊煙起村墅,
小鳥亦歸家, 殷殷戀舊主.

人不害物
物不驚擾
猶如明月
眾星圍遶

雀巢可俯而窺

자연의 조화[雀巢可俯而窺]

사람이 동물들을 해치지 않으면
동물이 놀래서는 소란을 안 피우니,
오히려 밝은 달을
별들이 에워싸고 있는 것 같네.

人不害物, 物不驚擾,
猶如明月, 衆星圍遶.

住夕陽江上邨
灣流水遠柴門
來松樹高於屋
與春禽養子孫

明葉唐夫詩

松間的音樂隊

水

새들의 보금자리[松間的音樂隊]

해 지는 강가 마을에 있는 집에는,

한 굽이 흐르는 물 사립문 둘러 있네.

심어 놓은 소나무가 지붕보다 웃자랐으니,

봄 새에게 빌려 주어 자손을 기르게 하네.

(섭당부葉唐夫의 「강촌江村」)

家住夕陽江上村, 一灣流水遶柴門,

種來松樹高於屋, 借與春禽養子孫.

(明葉唐夫詩)

水邊垂釣　閒情逸致
是以物命　而為兒戲
刺骨穿腸　於心何忍
頭蓋仁慈　常起悲憫

誘殺

유인해서 죽인다[誘殺]

물가에서 낚싯대 드리웠으니
한가로운 흥취가 고상하였네.
하지만 생명을 가진 것들을
어린아이 장난처럼 여기는구나.
뼈를 찔러대고 창자 뚫으니
어찌 마음에서 차마 견디랴.
원컨대 인자한 맘 일으켜서는
불쌍한 정을 길이 품으소서.

水邊垂釣, 閑情逸致.
是以物命, 而爲兒戲.
刺骨穿腸, 於心何忍?
願發仁慈, 常起悲愍.

一指納沸湯　渾身驚欲裂
一針刺己肉　徧體如刀割
魚死向人哀　難死臨刀泣
哀泣各分明　聽者自不識

明陶周望詩

劊子手

사형집행관[劊子手]

손가락 하나만 끓는 물 넣을라치면

온몸이 찢어질 듯 놀라게 되네.

바늘 하나만 자신의 살을 찌르면,

온몸을 칼로 베는 것 같다네.

물고기 죽을 때엔 사람 향해 슬퍼하고

닭 죽을 땐 칼 앞에서 울부짖었네.

슬피 우는 건 각각 분명한데도,

듣는 사람 스스로 알지 못하네.

(도주망의 시)

一指納沸湯, 渾身驚欲裂,

一針刺己肉, 徧體如刀割.

魚死向人哀, 雞死臨刀泣,

哀泣各分明, 聽者自不識!

(明陶周望詩)

肉

豎首橫目人　豎目橫身獸
從獸者智攫　甘人者勇鬥
悲哉肉世界　羨物獲長壽
一兒當邑居　萬人怖而走
萬人俱兒心　物令誰當救
莫言他肉肥　可療吾身瘦
彼此電露令　但當相憐宥
共修三堅法　人獸兩無負

明陶周望詩

육식[肉]

세워진 머리에 가로인 눈*은 사람이고

세워진 눈에 가로인 몸은 짐승이네.

짐승을 따르는 자는 지혜가 흐트러지고,

사람 먹기 즐기는 자 용맹하게 싸운다네.

슬프도다. 육신의 세계여

어떤 동물인들 장수 할 수 있으랴.

한 마리 범이 고을에 살게 되면

만 명 사람 두려워서 달아나는데,

만 명 사람 범의 마음 가진다면

동물 목숨 뉘가 마땅히 구제하리오.

다른 고기가 살쪘다고

내 몸 야윔 치료할 수 있다 말하지 말라.

저나 나나 아주 짧은 목숨이노니,

다만 서로 불쌍히 여기고 용서해야 하리.

다 함께 삼견법**을 닦게 된다면,

---

* 　가로인 눈[橫目] : 횡목종비(橫目縱鼻)의 준말로 눈은 가로이고, 코는 세로
인 것. 즉 사람을 가리키는 말.
** 　삼견법(三堅法) : 세 가지 견고한 법으로 영원히 변하지 않는 진실한 신체
와 완전한 지혜의 생명과 깨달음의 보배를 말한다.

肉

豎首橫身獸　豎目橫身獸
從獸者智攫　甘人者勇鬬
悲哉肉世界　美物覆長壽
一覽當邑居　萬人怖而走
萬人俱覽心　物令誰當救
莫言他肉肥　可療吾身瘦
彼此電露令　但當相恂宥
共修三堅法　人獸兩無負

明嶠周望詩

사람과 짐승 둘 다 저버림 없게 되리라.

(명^明나라 도주망^{陶周望}의 「생명시 10수^{生詩十首}」)

豎首橫目人, 豎目橫身獸,

從獸者智攖, 甘人者勇鬪,

悲哉肉世界, 奚物獲長壽!

一虎當邑居, 萬人怖而走,

萬人俱虎心, 物命誰當救?

莫言他肉肥, 可療吾身瘦,

彼此電露命, 但當相憫宥,

共修三堅法, 人獸兩無負.

(明陶周望詩)

養豬充口腹　因愛結成讐
豬若知此意　終朝不食愁
頗賴豬未知　肥肉過汝喉
將來汝作豬　還須償豬油
此理果弗謬　勸汝養豬休

明蕅柏大師豬偈

向挼的自餵

업보의 순환[間接的自饋]

돼지 길러 입과 배 채우게 되니,

사랑이 도리어 원수를 맺게 되누나.

돼지 만일 이러한 뜻 알게 된다면

아침 내내 시름겨워 먹지 않으리.

꽤나 돼지가 모르고 있는 덕분에

살진 고기 네 목구멍 넘어가누나.

뒷날 네가 돼지로 태어난다면

돼지기름 도리어 갚게 되리라.

이 이치가 결단코 거짓 아니니

너에게 돼지 기르지 말길 권하네.

(자백대사紫柏大師의 「돼지에 대한 게송[豬偈]」)

養豬充口腹, 因愛結成讐,

豬若知此意, 終朝不食愁.

頗賴豬未知, 肥肉過汝喉,

將來汝作豬, 還須償豬油.

此理果弗謬, 勸汝養豬休!

(明紫柏大師, 「豬偈」)

87

有命盡貪生　無分人與畜

最怕是殺烹　最苦是割肉

擒執未施刀　魂驚氣先窒

喉斷叫聲絕　顛倒三起伏

念此惻肺肝　何忍徇口腹

耐菴道人詩

被虜

생명의 고통[被虜]

목숨있는 것 모두 목숨 아끼는 건

사람이나 가축이나 따질 것 없네.

죽여서 삶는 것이 가장 두렵고,

살을 가르는 것이 가장 괴롭네.

사로잡아 칼 대지 아니했는데

혼 놀라 기가 막혀 숨이 멎누나.

목 잘리면 외치는 소리 끊기고,

쓰러져 솟았다가 고꾸라지네.

이 고통 생각하면 간장이 찢어지는데

어찌 차마 입과 배를 마음껏 채울 수 있나.

(내암도인[耐庵道人]의 시)

有命盡貪生, 無分人與畜,

最怕是殺烹, 最苦是割肉.

擒執未施刀, 魂驚氣先窒,

喉斷叫聲絕, 顚倒三起伏.

念此惻肺肝, 何忍縱口腹?

(耐庵道人詩)

倒懸

始而倒縣　終以誅戮

彼有何辜　受此荼毒

人命則貴　物命則微

汝自問心　判其是非

거꾸로 매달다^[倒懸]

처음에는 거꾸로 매달았다가
마침내는 그대로 죽여 버리네.
저들이 무슨 허물 가지고 있어,
이러한 심한 고통 받는 것인가.
사람의 생명은 소중하였고
동물의 생명은 하찮지마는,
너 스스로 마음에 물어보아서
그 옳고 그른 것을 판단하여라.

始而倒懸, 終以誅戮.
彼有何辜, 受此荼毒?
人命則貴, 物命則微.
汝自問心, 判其是非.

見其生不忍見其死

聞其聲不忍食其肉

應起悲心 勿貪口腹

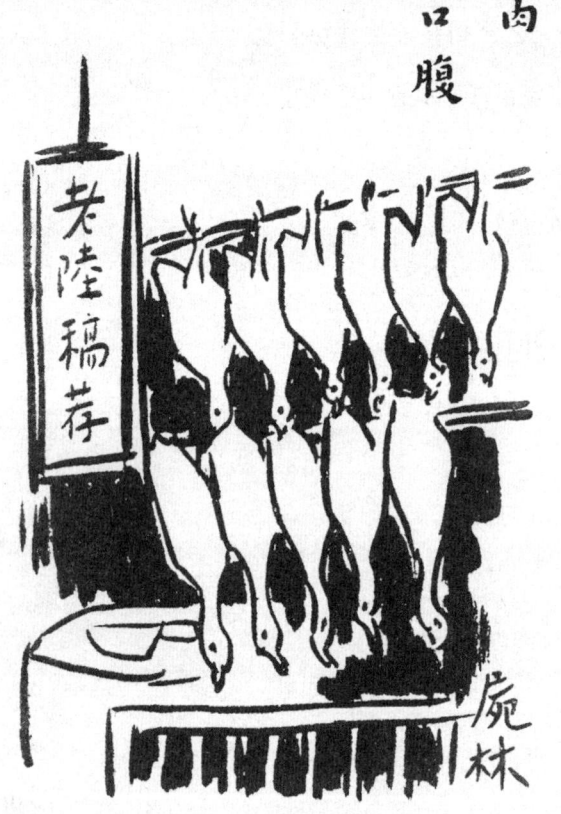

시체를 버린 숲[屍林]

산 것 보고는 차마 죽는 것 못 보며,
소리 듣곤 차마 고기를 못 먹는 것이니,
응당 슬퍼하는 마음을 일어나게 해서
입과 배 채우는 걸 탐하지 말라.

見其生, 不忍見其死
聞其聲, 不忍食其肉.
應起悲心, 勿貪口腹.

蓦受刀砧苦　腸斷命猶牽
白刃千翻割　紅鑪百沸煎
炮烙加彼體　甘肥佐我筵
此事若無罪　勿晨蒼之天

清周思仁詩

刑場

도살장의 잔혹함[刑場]

갑자기 칼과 도마 고통 겪으니

창자 끊겨도 목숨 붙어 있었네.

흰 칼날로 천 번이나 살을 베었고,

붉은 화로에다 백 번이나 끓이고 달이네.

저 몸뚱이에 굽고 지지는 형벌 가하여

맛난 것 내 술자리 돕게 되었네.

이런 일 죄 없는 것 같긴 하지만,

푸르고 푸른 하늘 두렵지 않나.

(주사인周思仁의 「모든 선행의 근원[萬善先資]」)

驀受刀砧苦, 腸斷命猶牽,

白刃千翻割, 紅爐百沸煎.

炮烙加彼體, 甘肥佐我筵,

此事若無罪, 勿畏蒼蒼天!

(清 周思仁詩)

惡臭陳穢　何云美味

掩鼻傷心　為之墮淚

智者善思　能毋悲媿

開棺

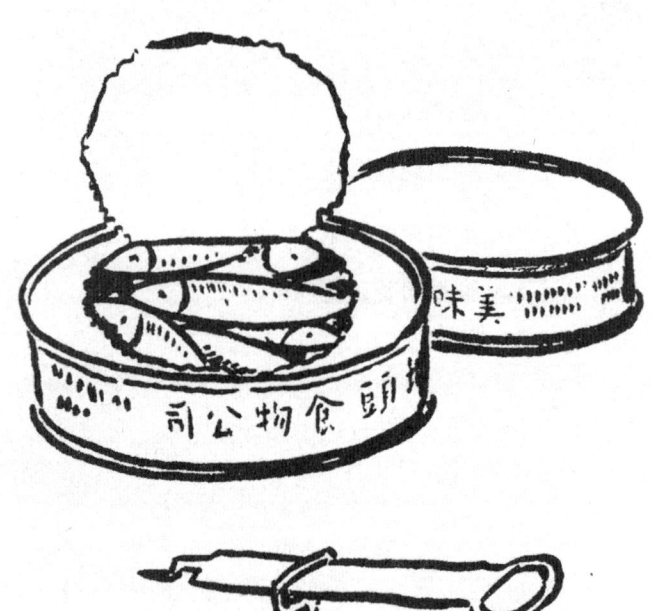

통조림 뚜껑을 열다[開棺]*

썩어가는 심한 악취를

어떻게 좋은 맛이라 할 수 있겠나.

코를 막고 마음을 아파하면서

그것 때문에 눈물 흘리네.

지혜로운 이가 곰곰이 생각한다면,

어찌 슬픔과 부끄러움 없을 수 있나

惡臭陳穢, 何云美味?

掩鼻傷心, 爲之墮淚.

智者善思, 能母悲媿?

---

* 통조림 뚜껑을 따는 것을 관 뚜껑을 따는 데에 빗댄 말이다.

殘酷的刑具

殘殺百千命
完成一襲衣
惟知求適體
豈毋傷仁慈

布葛可以代綺羅 冬晨寒者
宜衣駝絨以代絲綿

누에의 형구 [蠶的刑具]

수많은 목숨을 잔인하게 죽여야

한 벌 옷을 완성하게 되는 것이네.

오직 몸에 맞는 것만 구할 줄 안다면

어찌 인자함을 상함이 없겠나.

(무명과 베를 가지고 비단을 대신할 수 있다. 겨울에 추위를 두려

워하는 자는 낙타 털 옷을 입어서 명주를 대신하는 것이 마땅하다.)

殘殺百千命, 完成一襲衣,

唯知求適體, 豈毋傷仁慈?

(布葛可以代綺羅, 多畏寒者, 宜衣駝絨, 以代絲綿.)

昨晚的成績

是為惡業　何謂成績
宜速懺悔　痛自呵責
發起善心　勤修慈德

어젯밤의 성과 [昨晩的成績]

이것이 악업惡業이 분명한데도
어째서 성과라고 이르고 있나!
마땅히 조속하게 참회 하여서
통렬하게 스스로 꾸짖어야 하네.
선한 마음 일으키고
인자한 덕慈德을 닦아야 하리.

是爲惡業, 何謂成績!
宜速懺悔, 痛自呵責.
發起善心, 勤修慈德.

鉤簾歸乳燕
穴牖出癡蠅
愛鼠常留飯
憐蛾不點燈

宋蘇軾詩

拾遺

매우 수월한 일[拾遺]*

발 걸어 제비 새끼 가게 해주고

창문 뚫어 어리석은 파리 나가게 하네.

쥐 사랑해서 항상 밥 남겨 주고

나방을 불쌍히 여겨 등불 안 켜네.

(소식의 「정혜흠 장로가 보내온 시에 차운하여 짓다. 8수[次韻定慧欽

長老見寄八首]」)

鉤簾歸乳燕, 穴牖出癡蠅,

愛鼠常留飯, 憐蛾不點燈.

(宋蘇軾詩)

---

* 『채근담』에 나온다.

勿謂善小
不樂為之
惠而不費
而曰仁慈

惠而不費

작은 인자함 [惠而不費]

선이 작다고 해서

기꺼이 하지 않는다 이르지 말라.

은혜를 베풀되 낭비 않는다면*

인자하다 할 수가 있는 것이네.

勿謂善小, 不樂爲之,

惠而不費, 亦曰仁慈.

---

* 은혜를 …… 않는다면[惠而不費] : 위정자(爲政者)는 백성(百姓)에게 은혜 (恩惠)를 베풀되 낭비(浪費)는 하지 말아야 한다. 『논어』에 나온다.

平等

THEY ARE THE EYES OF EQUALS
—TURGENIEV—

我肉眾生肉

名殊體不殊

原同一種性

只是別形軀

宋黃庭堅詩

평등[平等]

내 육신과 중생의 육신은

이름 달라도 본질은 다르지 않네.

원래부터 한 가지 본성이나

다만 몸뚱이만 달리한 것이네.

(황정견의 「살생을 경계하는 시[戒殺詩]」)

我肉衆生肉, 名殊體不殊,

原同一種性, 只是別形軀.

(宋 黃庭堅詩)

肉食者鄙　不為仁人

況復飲酒　能令智昏

誓於今日　改過自新

長養悲心　成就慧身

醉人与醉蟹

술에 담근 게 [醉人與醉蟹]

육식을 하는 자는 비루하여서
인자한 사람이 되지 못하네.
하물며 다시 술까지 퍼마신다면
지혜를 어둡게 할 수 있다네.
오늘은 맹세를 하노니
과실 고쳐 스스로 새롭게 하리.
길이 슬퍼하는 마음 길러서
부처의 지혜로운 몸 성취하리라.

肉食者鄙, 不爲仁人,
況復飮酒, 能令智昏.
誓於今日, 改過自新,
長養悲心, 成就慧身.

人非聖賢　其孰無過

猶如素衣　偶著塵浣

改過自新　若衣拭塵

一念慈心　天下歸仁

懺悔

참회[懺悔]

사람이 성인이나 현인이 아니라면
그 누구인들 허물이 없겠는가.
흰 옷 깨끗한 데에
우연히 먼지 묻음과 같네.
허물 고쳐 스스로 새롭게 되면
옷에 먼지를 닦는 것과 같다네.
한결같이 자비심 품게 된다면,
천하가 어짊으로 돌아오리라.

人非聖賢, 其孰無過?
猶如素衣, 偶著塵浣.
改過自新, 若衣拭塵,
一念慈心, 天下歸仁.

盛世樂太平　民康而物阜
万類咸喁々　同浴仁恩厚
昔日互殘殺　而今共愛親
何分物与我　大地一家春

冬日的同樂

水

겨울날의 태평성대^[冬日的同樂]

성세에 태평성대 즐거워하니
백성들 건강하고 물자는 풍부하네.
만물들은 모두다 흠모하여서
두터운 인은^[仁恩]에서 함께 목욕하네.
옛날엔 서로가 잔인하게 죽였으나
지금은 사랑하며 가까이 하네.
어찌 사물과 나를 구분 하리오.
대지는 한 집안의 봄이로다.

盛世樂太平, 民康而物阜,
萬類咸喁喁, 同浴仁恩厚.
昔日互殘殺, 而今共愛親,
何分物與我, 大地一家春.

香餌見來須閉口
大江歸去好藏身
盤渦峻激多傾險
莫學長鯨擬害人
　　　唐白居易放魚詩

幸福的同情

행복한 동정 [幸福的同情]

향기로운 미끼 보이면 입을 꾹 다물고

큰 강에 돌아가서 몸을 잘 숨겨다오.

소용돌이와 거센 물결 자주 일어나니,

큰 고래가 사람 해침 배우지 말라.

(백거이白居易의 「물고기를 놓아주다[放魚詩]」)

香餌見來須閉口, 大江歸去好藏身,

盤渦峻激多傾險, 莫學長鯨擬害人.

(唐白居易,「放魚詩」)

罪惡第一為殺　天地大德曰生
老鴨札乚　延頸哀鳴
我為贖歸　畜於靈囿
功德迴施群生　願患無病長壽

戊辰十一月余乘番舶見有老鴨曰於棧將齋送他鄉以餇病者謂食其肉可起沈病余憫鴨老而將受戮乃乞之舶主為之衰請三金贖老鴨歸屬子愷圖其形補入畫集聊志遺念

老鴨造象

늙은 오리의 조상造像[老鴨造像]

죄악 중에 제일 큰 건 살생이니,

천지에서 큰 덕은 생명이었네.

늙어 빠진 오리는 꽥꽥거리며

목을 쑥 빼고서는 슬피 울어서,

나는 속전을 내고 돌아와서는

정원에다 풀어놓고 기르게 됐네.

공덕으로 만물에게 회향을 하니

모두 병 없이 장수하기를 비네.

(무진戊辰 11월에 나는 외국 배를 탔는데, 늙은 오리가 새장에 갇혀 있는 것을 보았다. 장차 다른 지방으로 가지고 가서 병자에게 먹이려고 하는 자가 오리 고기를 먹으면 고질병에서 일어날 수가 있다고 말하였다. 나는 늙은 오리가 죽게 되는 것을 불쌍히 여겨서 배의 주인에게 애걸하여 오리를 위해 간청 하였다. 금화 세 닢을 주고 늙은 오리를 구해 데려왔다. 풍자개에게 그 모습을 그리게 해서 화집에다 보충하여 넣고 생각을 기록한다.)

罪惡第一爲殺, 天地大德曰生.

老鴨札札, 延頸哀鳴,

罪惡第一為殺　天地大德曰生

老鴨札札　延頸哀鳴

我為贖歸　畜於靈囿

功德迴施群生　願彼無病長壽

戊辰十一月余乘番舶見有老鴨日於棧將齋送他鄉以飼病者讀食其肉可起沈病余憫鴨老而將受戮乃乞舶主為之贖讀以三金贖老鴨歸屬子愷圖其形補入畫集聊志遺念

老鴨造象

我爲贖歸, 畜於靈囿.

功德廻施群生, 願悉無病長壽.

(戊辰十一月, 余乘番舶, 見有老鴨囚於樊. 將齎送他鄉以餉病者, 謂食其肉, 可起沈疴. 余憫鴨老而將受戮, 乃乞舶主爲之哀請, 以三金贖老鴨歸. 屬子愷圖其形, 補入『畫集』, 聊志遺念.)

楊枝淨水

楊枝淨水
一滴清涼
遠離眾苦
歸命覺王

放生儀軌若放生時應以
楊枝淨水為物灌頂令其
消除業障增長善根

청량한 정화수 [楊枝淨水]

버들가지의 정화수여,

한 방울에 청량함 흐르네.

고통들을 멀리 하고서

부처에게 귀의 하였네.

(방생의식에서 방생할 때에는 버들가지 든 청량한 물을 가지고 동물의 정수리에다 물을 부어서 동물로 하여금 그 업장業障을 없애고 선근善根*을 늘리게 한다.)

楊枝淨水, 一滴淸涼,

遠離衆苦, 歸命覺王.

(放生儀軌, 若放生時, 應以楊枝淨水爲物灌頂, 令其消除業障, 增長善根.)

---

* 선근(善根) : 청정한 행위를 할 근성. 온갖 선(善)을 낳는 근본. 좋은 과보를 받을 착한 행위.

中秋同樂會

朗月光華照臨萬物
山川竹木清新潔淨
嬌動飛沈團圝和悅
共浴靈暉如登樂國

印仁補題

중추철 모임 [中秋同樂會]

환하고 환한 달빛이

만물을 비추고 있으니,

산천의 초목들이

시원하고 깨끗하네.

벌레와 새와 물고기는

화목하게 모여 즐거워하네.

달빛에 함께 목욕하게 되니,

낙토樂土에 오른 듯하네.

(즉인即仁이 제목을 붙이다.)

朗月光華, 照臨萬物,

山川草木, 淸涼純潔.

蠕動飛沈, 團圝和悅,

共浴靈輝, 如登樂國.

(卽仁 補題)

蝴蝶来仪

蝴蝶兒的偉近窗飛

不為瓶中花有香

只緣聽浪護生詩

欲去又遲\ 杜衡補題

나비가 찾아오다 [蝴蝶來儀]

나비가 짝을 지어 창문에 날아오니,

병 속 꽃에 있는 꿀 찾아서가 아니라,

다만 호생護生 시를 읽는 소리 듣고자 하여

떠나려 하다가도 더디게 머물었네.

(두형杜蘅이 제목을 보충하다.)

蝴蝶兒, 約伴近窓飛,

不爲瓶中花有蜜,

只緣聽讀護生詩,

欲去又遲遲.

(杜蘅補題)

繞池閒步看魚遊

正值兒童弄釣舟

一種愛魚心各異

我來施食爾垂鈎

原白居易詩

물고기를 대하는 두 마음 [我來施食爾垂釣]

연못가 거닐면서 물고기 바라보니,

마침 어린 아이들 낚싯배 타고 놀고 있네.

물고기 사랑해도 마음 각자 달랐으니,

난 먹이 주려 오고 넌 낚시 드리우네.

(백거이의 「물고기가 노는 것을 보다[觀遊魚]」)

繞池閑步看魚遊, 正値兒童弄釣舟,

一種愛魚心各異, 我來施食爾垂釣.

(唐白居易詩)

静看檐蛛结网低
无端妨碍小虫飞
蜻蜓倒挂蜂儿窘
催唤山童为解围

宋范成大诗

催唤山童为解围

작은 생명을 구하는 자비[催喚山童爲解圍]

처마 끝 거미가 낮게 친 거미줄 가만 보니,

괜스레 작은 곤충 나는 것 방해하네.

잠자리는 매달리고 벌은 곤경 처했으니,

산골 아이 급히 불러 거미줄 풀어줬네.

(범대성^{范大成}의 시)

靜看簷蛛結網低, 無端妨礙小蟲飛,

蜻蜓倒挂蜂兒窘, 催喚山童爲解圍.

(宋范大成詩)

黄蜂何處知消息
便解尋香隔舍來

行過江邨未有梅
一華忽向暖枝開
黄蜂何處知消息
便解尋香隔舍來

宋喬寿詩

향기를 따라온 영물 [黃蜂何處知消息, 便解尋香隔舍來]

강가 마을 다 돌아도 매화는 없더니만

갑작스레 꽃 한 송이 따뜻한 가지 위에 폈네.

누른 벌 어디선가 소식을 알았는지

향기 찾아 담장 너머 찾아올 줄 아는구나.

(옹권翁卷의 「집 밖의 일찍 핀 매화[舍外早梅]」)

行遍江村未有梅, 一華忽向暖枝開,

黃蜂何處知消息, 便解尋香隔舍來.

(宋翁卷詩)

何事春郊殺氣騰
疎狂蔣子獵飛禽
勸君莫射南來雁
恐有家書寄遠人

即仁集古

遠書

기러기에 실은 마음[遠書]

무슨 일로 봄 들판에서 살기가 등등한가.

방랑하는 나그네가 나는 새 사냥하네.

제발 남쪽에서 오는 기러기 쏘지 마오.

그 날개엔 먼 곳의 정情 실렸을 테니

(즉인卽仁이 옛 시를 모아 짓다.)

何事春郊殺氣騰, 疏狂遊子獵飛禽,

勸君莫射南來雁, 恐有家書寄遠人.

(卽仁集古)

一年社日都忘了

忽見庭前燕子飛

含鳥也知勤作室

啣泥帶得落花歸

清吕霜詩

啣泥帶得落花歸

낙화를 싣고 돌아오다[衒泥帶得落花歸]

한 해 있는 사일社日[*]을 전부다 잊었다가

갑자기 뜰 앞 제비 나는 것 보게 됐네.

새들도 부지런히 집 지을 줄 알아서

진흙 물고 떨어진 꽃잎 함께 실어 돌아오네.

(여상呂霜의 「무제無題」)

一年社日都忘了, 忽見庭前燕子飛,

禽鳥也知勤作室, 衒泥帶得落花歸.

(淸呂霜詩)

135

母雞有群兒
一見最偏愛
嬌癡不肯行
常伏母親背

子愷補題

裙曳其子

어미 등에 업힌 병아리[褓負其子]

어미닭 여러 새끼 두고 있는데

그 중에 하나 가장 편애 하였네.

어리광 부리며 걷지 않으려 하며,

어미의 등짝에서 엎드려 있네.

(풍자개豊子愷가 제목을 붙이다.)

母雞有群兒, 一兒最偏愛,

嬌癡不肯行, 常伏母親背.

(子愷補題)

有一小貓被棄橋西
餓寒所迫終日哀啼
猶似小兒戰區流離
無家可歸彷徨路岐
伊誰見憐援手提攜

杜蘅補題

被棄的小貓

버림받은 어린 고양이 [被棄的小猫]

한 마리 자그마한 고양이 있는데

다리의 서쪽 편에 버려져 있네.

굶주림과 추위에 시달려서는

온종일 서글프게 울어대었네.

마치 나이가 어린 꼬마 아이가,

살벌한 전쟁터에서 떠돌다가는

돌아갈 집조차 있지 않아서

갈림길에서 방황을 하고 있는 듯

그 누가 고양이를 가엾게 여겨

손길을 내밀어서 데려가려나.

(두형杜蘅이 제목을 붙이다.)

有一小猫, 被棄橋西,

餓寒所迫, 終日哀啼.

猶似小兒, 戰區流離,

無家可歸, 彷徨路歧.

伊誰見憐, 援手提攜?

(杜蘅補題)

母雞得美食

啄之呼小雞

小雞忽飛集

團々如黃葵

母雞忍餓立

待意自歡嬉

子愷補題

推食

먹이를 양보하다[推食]

어미닭 좋은 음식 얻게 되면

톡톡 쪼면서 병아리 부르네.

병아리들 갑작스레 모이게 되면

둥글게 모인 것이 해바라기 같네.

어미 닭은 굶주림 참고 서서는

그 모습에 절로 기뻐 하는구나.

(풍자개豐子愷가 제목을 붙이다.)

母雞得美食, 啄啄呼小雞,

小雞忽然集, 團團如黃葵,

母雞忍饞立, 得意自歡嬉.

(子愷補題)

嗟哦運糧　群策群力

陟彼高岡　攀彼嵒壁

屢什屢起　志在必克

區區小出　具此美德

子惺補題

運糧

양식을 운반하다[運糧]

개미가 양식들을 운반하는데,

지혜를 모으고서 힘을 합치네.

저 높은 산등성이 올라갔었고,

저 절벽을 기어서 오르는구나.

여러 번 엎어졌다 일어났으니

뜻은 반드시 이겨내는 데 있네.

작고도 자그마한 저 벌레도

이러한 아름다운 덕 갖추고 있네.

(풍자개豊子愷가 제목을 붙이다.)

螞蟻運糧, 群策群力,

陟彼高岡, 攀彼絶壁.

屢仆屢起, 志在必克,

區區小蟲, 具此美德.

(子愷補題)

且停且停

刀下留命

筆勾心意

可欽可敬

東園補題

遇救

구조[遇救]

잠시 멈추게 하고 멈추게 하여
칼 아래에서 목숨 살려주었네.
어린 나이에도 마음 착하니
흠모하여 존경을 할 만하였네.
(동원東園이 제목을 붙이다.)

且停且停, 刀下留命,
年幼心慈, 可欽可敬.

(東園補題)

群魚皆被難　一魚獨漏網
如人遇炸彈　相距僅數丈
如人遇炮火　飛彈拂頭頂
身逢爭戰苦　此情始可想

子愷補題

漏網

그물을 벗어난 물고기^[漏網]

물고기들 어려움 당하였는데

한 마리만 그물에서 빠져 나왔으니

사람이 작약 넣은 폭탄 만나길,

거리 겨우 몇 길쯤 되는 것 같고,

사람이 포화를 만나게 되길,

탄알이 목덜미를 스침과 같아

몸이 전쟁 고통을 겪게 되어야

이러한 정 비로소 상상하리라.

(풍자개^{豊子愷}가 제목을 붙이다.)

群魚皆被難, 一魚獨漏網,

如人遇炸彈, 相距僅數丈,

如人遇炮火, 飛彈拂頸項,

身逢爭戰苦, 此情始可想.

(子愷補題)

万峯迴遶一峯溪

到此常修苦行心

自掃雪中歸鹿跡

天明恐有獵人尋

唐陸甫里詩

自掃雪中歸鹿跡
天明恐有獵人尋

고행하는 승려의 자비 [自掃雪中歸鹿跡, 天明恐有獵人尋]

첩첩산중 깊은 곳에 봉우리 하나 솟아있어,

이곳에서 나는 늘 고행하는 마음 닦네.

눈 속 사슴 발자국을 손수 쓸어버리니,

날 새면 사냥꾼이 찾아갈까 두려워서네.

(육보리 陸甫里, 육구몽을 가리킴 의 「두타승 頭陀僧」)

萬峰迴遶一峰深, 到此常修苦行心,

自掃雪中歸鹿跡, 天明恐有獵人尋.

(唐陸甫里詩)

漱嗽避蟲蟻
亦是護生命
充此仁愛心
可以為賢聖

學童補題

漱嗽避蟲蟻

벌레를 피하다[盥漱避蟲蟻]

세수와 양치질 할 때도 벌레 피하는 건

또한 소중한 생명을 보호하는 일이네.

이러한 인애한 마음 채워나가면

현인과 성인이 될 수 있는 것이네.

(학동이 제목을 붙이다.)

盥漱避蟲蟻, 亦是護生命,

充此仁愛心, 可以爲賢聖.

(學童補題)

燕子飛來枕上

不復見人畏避

只緣幸惜害心

到處春風和氣

學亭補題

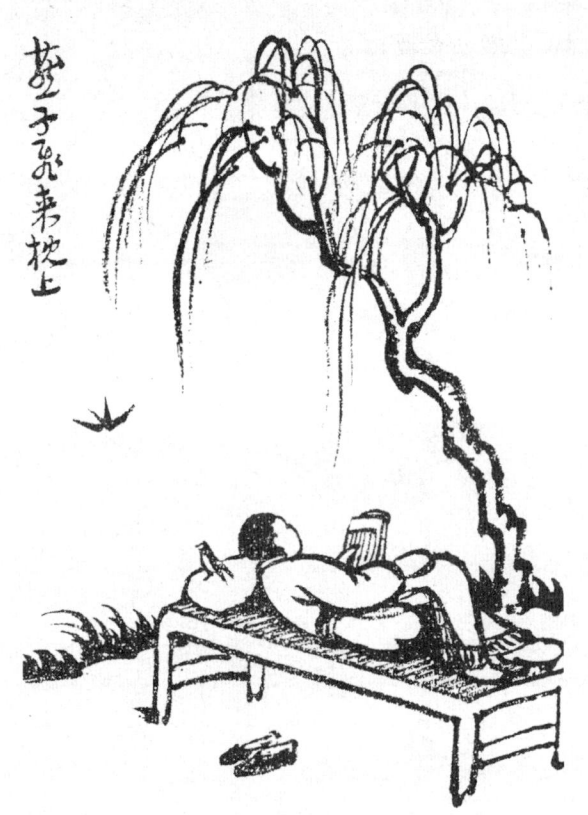

燕子飛來枕上

베갯가에 깃든 신뢰[燕子飛來枕上]

제비가 베개 위로 날아와서는

이제 사람 보고도 안 두려워하니

다만 해치려는 마음 없는 곳이라,

어디에나 봄날의 화창한 기운이네.

(학동이 제목을 붙이다.)

燕子飛來枕上, 不復見人畏避,

只緣無惱害心, 到處春風和氣.

(學童補題)

慈心感物
有如韶武
龍翔鳳集
一百獸率舞

智頴補題

老牛亦是知音者
橫笛聲中緩步行

자비가 부르는 춤 [老牛亦是知音者, 橫笛聲中緩步行]

자비심은 만물을 감동시키니,

마치 옛날 음악과 똑같아서는

용이 날고 봉황이 모이게 하며,

온갖 짐승 다같이 춤추게 하네.

(지의智顗가 제목을 붙이다.)

慈心感物, 有如韶武,[*]

龍翔鳳集, 百獸率舞.

(智顗補題)

---

[*] 소무(韶武) : 고악(古樂)의 이름. 소(韶)는 중국 고대 순(舜) 임금의 음악이고, 무(武)는 주(周)나라 무왕(武王)의 음악임.

小之蝴蝶墓
左右種冬青
其作兒戲想
猶存愛物情

東圍補題

나비의 무덤^[蝶之墓]

아주 자그마한 작은 나비 무덤에
좌우에다 사철나무 심어 놓았네.
어린애가 장난칠 생각 안 하고
오히려 사물을 아끼는 정이 있었네.
(동원東園이 제목을 붙이다.)

小小蝴蝶墓, 左右種冬青,
莫作兒戲想, 猶存愛物情.

(東園補題)

溪邊不垂釣

山中未開門

開門山鳥驚

垂釣溪魚渾

明陳繼儒詩

溪邊不垂釣

산새와 물고기를 위하여[溪邊不垂釣]

시냇가에 낚시를 드리지 않고

산 속에서는 문을 열지 않노니.

문 열면 산 새들이 놀랄까봐서

낚시 드리우면 물고기 혼동할까봐서.

(진계유陳繼儒의 시)

溪邊不垂釣, 山中不開門.

開門山鳥驚, 垂釣溪魚渾.

(明陳繼儒詩)

買得晨雞共雞語
常時不用等閒鳴
溪山月黑風雨夜
欲近曉天常一聲

古詩佚名

晨雞

닭과의 약속[晨雞]*

새벽 알리는 닭 사서 함께 말하노니

"평소에는 함부로 울지를 말고

깊은 산속 달빛 어둡고 비바람 치는 밤에

새벽이 가까울 때 한 차례 울어다오."

(작자 미상의 고시古詩)

買得晨雞共雞語, 常時不用等閑鳴,

深山月黑風雨夜, 欲近曉天啼一聲.

(古詩佚名)

---

* 원제는 최도융(崔道融)의 「닭[鷄]」이다.

為人看門　為人守閭

日夜皇皇　食人唾餘

我心如矢　惟知忠義

努力負責　不希報賜

嬰行補題

風雨之夜的偓門者

밤의 파수꾼 [風雨之夜的候門者]

남 위해서 문 앞을 지키어주고,
남 위해서 마을을 수호해줬네.
밤낮으로 경계를 풀지 않으며
사람이 남긴 것을 먹긴 하지만.
내 마음 화살같이 곧기만 해서,
오직 충성과 의리만 알고 있다네.
내 책임을 다하여 노력하면서
남들의 어떤 보답 바라지 않네.

(영행嬰行이 제목을 붙이다.)

爲人看門, 爲人守閭,
日夜皇皇, 食人唾餘.
我心如矢, 唯知忠義,
努力負責, 不希報賜.

(嬰行補題)

獨坐誰相伴
青禽枝上鳴
天籟真且美
似梵土迦陵

杜衡補題

好鳥枝頭亦朋友

가지 위의 벗[好鳥枝頭亦朋友]*

홀로 앉았으니 누가 내 짝이 될까.

봄날 새는 가지에서 울고 있었네.

새소리는 참되고 아름다우니,

인도에 있는 가릉**과 다름 없었네.

(두형杜蘅이 제목을 붙이다.)

獨坐誰相伴, 春禽枝上鳴.

天籟真且美, 似梵土迦陵.

(杜蘅補題)

---

* 제목은 주자의 「사계절 책 읽는 즐거움[四時讀書樂]」에서 "가지 위의 좋은
새도 또한 벗이라[好鳥枝頭亦朋友]"는 구절을 따온 것이다.

** 가릉(迦陵) : 인도에서 나는 새의 일종. 소리가 곱기로 유명하다. 가릉빈가
(迦陵頻伽).

一川艸長綠

四時那得閒

短褐衣妻兒

餘糧及雞犬

庚辰為詩

餘糧及雞犬

소박한 산골의 나눔^[餘糧及雞犬]

냇가에는 풀들이 늘 푸르니

사계절을 어느 때로 구분할 건가.

짧은 베옷 가족에게 입히지마는,

남은 양식 가축에게 미치게 하네.

(구위丘爲의 시)

一川草長綠, 四時那得辨?

短褐衣妻兒, 餘糧及雞犬.

(唐丘爲詩)

牛的星期日

耕牛雖異類

好逸與人同

顧得星期日

閒眠揚柳風

智頤補題

소의 일요일[牛的星期日]

밭 가는 소 비록 나와 다르나

안락함 좋아하는 건 사람과 같네.

원하노니 일요일에

바람 부는 버들 밑에서 한가히 자게 되기를.

(지의智顗가 제목을 붙이다.)

耕牛雖異類, 好逸與人同,

願得星期日, 閑眠楊柳風.

(智顗補題)

螞蟻搬家

墻根有群蟻　喬遷問南岡
元首為嚮導　民眾扛餱糧
浩蕩復逶迤　横斷路中央
我為取小凳　臨時築長廊
大隊廊下過　不怕飛來殃

子愷補題

개미들이 이사하다[螞蟻搬家]

담 밑에 개미들이 모여 있더니

남쪽 산등성이 향해 이사하였네.

왕개미가 앞에서 안내자 되니

일개미들 마른 양식 들쳐 메고서

웅장하고 다시 구불구불하게

길의 중앙 가로질러 가고 있다네.

내가 그들을 위해 걸상 가져다

임시로 긴 행랑을 만들어 줬네.

많은 무리 행랑 밑 지나가면서

불시에 닥칠 화를 전혀 두려워 않네.

(풍자개豊子愷가 제목을 붙이다.)

牆根有群蟻, 喬遷向南岡,

元首爲嚮導, 民衆扛餱糧,

浩蕩復迤邐, 橫斷路中央.

我爲取小凳, 臨時築長廊,

大隊廊下過, 不怕飛來殃.

(子愷補題)

171

呦呦鳴鹿呼食相呼

筍前不驚
呼食相呼
靈氣所鍾
三玉德永敎

嬰行補題

화살 앞에서도 [呦呦鳴鹿, 得食相呼]

화살을 지녔어도 두려움 없이,

먹이를 얻으면 무리에게 알리네.

신령한 기운이 모인 곳에

아름다운 덕이 영원히 피어나리.

(영행嬰行이 제목을 붙이다.)

帶箭不驚, 得食相呼,

靈氣所鍾, 美德永敷.

(嬰行補題)

雎鳩在河洲

雙雙不踰軌

豈但造化工

禽心亦知礼

學壼補題

關之雎鳩

도의를 지키는 물수리[關關雎鳩]

물수리 강가 모래톱에 깃들어

짝지어서는 항상 도리 지키네.

아름답구나. 조물주의 솜씨여.

새의 마음도 예를 알고 있다니.

(학동이 제목을 붙이다.)

雎鳩在河洲, 雙雙不越軌,

美哉造化工, 禽心亦知禮.

(學童補題)

家有乳狗出求食

鶏來哺其兒

啄之庭中竟卅子

哺子不食夢鳴悲

彷徨千了久不去

以翼來覆待狗歸

唐韓愈詩

雞覆狗子

닭의 따뜻한 보살핌[雞護狗子]

집안에 어미개가 먹이 찾아 나가니,

닭 와서 강아지들 먹여주었네.

뜰 안에 쪼아대며 풀씨를 찾아

강아지에 주려 해도 안 먹고 서글퍼 울자,

닭이 서성이며 오래도록 못 떠나고,

날개로 강아지를 덮어주며 어미 개 오길 기다렸네.

(한유의 「동생을 한탄하는 노래[嗟哉董生行]」)

家有乳狗出求食, 雞來哺其兒.

啄啄庭中覓草子, 哺子不食聲鳴悲.

彷徨彳亍久不去, 以翼來覆待狗歸.

(唐韓愈詩)

鋤繆牖戶

翩翩雙飛鳥　作窠高樹顛

我欲勸此鳥　遷居南窗前

鳥說遷不得　近人心未安

若遷窗前住　為恐人權殘

我聞此鳥語　愛憐不可言

誓從今日後　普潔眾生緣

背顛補題

옮기지 못하는 둥지[網繆牖戶]

하늘을 훨훨 나는 쌍쌍의 새는

높은 나무 꼭대기에 둥지를 짓네.

나는 이 새들에게 권하려 하니

남쪽 창 앞으로 거처를 옮기라고.

새가 말하기를

"옮길 수가 없으니

사람에게 가까우면 마음 편치 못해요.

만약에 창 앞으로 옮겨 머물면,

사람에게 다칠까봐 두렵기 때문이죠"

나는 이 새들의 말소리 듣자

부끄런 마음 들어 말할 수 없네.

맹세하노니 오늘날 이후로는

중생과 인연 널리 맺을 것이네.

(지의智顗가 제목을 붙이다.)

翩翩雙飛鳥, 作室高樹巓,

我欲勸此鳥, 遷居南窓前.

鳥說遷不得, 近人心未安,

翩翩雙飛鳥　作室高樹顛
我欲勸此鳥　遷居南窓前
鳥說遷不得　近人心未安
若遷窓前住　為恐人摧殘
我聞此鳥語　羞愧不可言
警從今日後　晉潔策生緣

晉顧捕題

若遷窓前住, 爲恐人摧殘.

我聞此鳥語, 羞慚不可言,

誓從今日後, 普結衆生緣.

(智顗補題)

六畜之中，有功於世而善畜於人者，惟牛與犬。犬不事食，人謂

忠僕

충복[忠僕]

육축 중에서 세상에 공로가 있어도 사람에게 해가 없는 것은 오직 소와 개 뿐이니 더욱 먹어서는 안 된다.

(『인보人譜』에 실려 있다.)

六畜之中, 有功於世而無害於人者, 惟牛與犬, 尤不可食.

(『人譜』)

方長不折

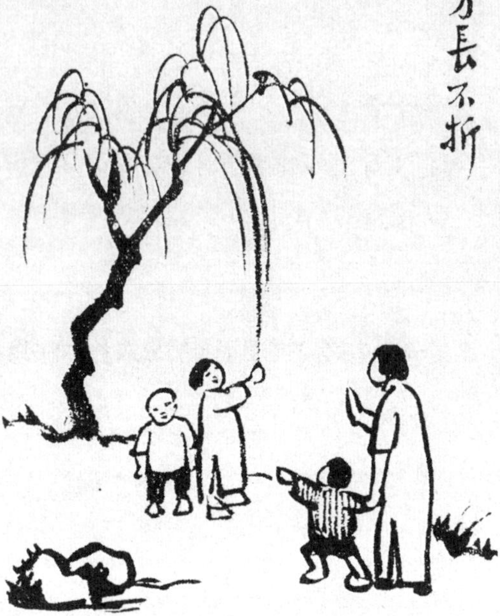

道旁楊柳枝，青青不可攀。
同看攀折處，傷痕如淚潸。
古人愛生物，仁德至今傳。
艸木未搖落，斧斤不入山。

嬰行補題

자라는 것을 꺾지 말라[方長不折]

길 가에 자리잡은 버들 가지는

푸르고 푸르러서 꺾을 수 없네.

잡아 당겨 꺾은 것 돌아다보니

상처 흔적 눈물을 흘린 것 같네.

옛 사람 생명 있는 것 사랑하여

인자한 덕 오늘까지 전하였다네.

초목이 아직 시들지 않았을 때

도끼 자귀 산속에 들이지 않네.

(영행嬰行이 제목을 붙이다.)

道旁楊柳枝, 靑靑不可攀,

回看攀折處, 傷痕如淚潸.

古人愛生物, 仁德至今傳,

草木未搖落, 斧斤不入山.

(嬰行補題)

185

重生

大樹被斬伐生機不肯息
春來勤抽除氣象何蓬勃
悠悠天地間成敗好生德
善惡且如此有情不必說

子愷補題

끈질긴 생명력 [重生]

큰 나무가 잘려서 나갔으나
생명 기운 쉬려고 하지 않았네.
봄 오면 부지런히 가지 뻗으니,
기상이 그 얼마나 왕성하던가.
아득한 천지 사이에서
모두 생명 사랑하는 덕 입었네.
정 없는 것도 오히려 이와 같으니,
정 있는 것은 말할 필요도 없네.

(풍자개豊子愷가 제목을 붙이다.)

大樹被斬伐, 生機不肯息,
春來勤抽條, 氣象何蓬勃!
悠悠天地間, 咸被好生德,
無情且如此, 有情不必說.

(子愷補題)

187

草草步則難之。

木稅冠則愛之。

其他任其自然

相与同生天地

之間亦无欲逐

其生耳，人谱

봄 풀[春草]

풀이 걷는 데에 방해가 되면 깎아 버리고, 나무가 모자에 걸리면 베어버리지만 그 외에는 내버려둔다. 서로 천지 사이에서 함께 살아가는 것이니, 다 각자의 생명을 이어가고자 함이다.

(『인보人譜』에 실려 있다.)

草妨步則薙之, 木礙冠則芟之, 其他任其自然. 相與同生天地之間, 亦各欲遂其生耳. (『人譜』)

遙知此去棟梁材
善護清陰覆綠苔
只恐月明秋夜冷
誤他千歲鶴歸來

隨園詩話

大樹王

나무의 왕[大樹王]

멀리서도 알겠네. 이 나무가 재목으로 베어지면

맑은 그늘 다시는 푸른 이끼 덮지 못하리.

다만 달이 밝고 가을 바람 차가울 때

천년 학이 착각하여 돌아올까 두렵네.

(『수원시화隨園詩話』에 실려 있다.)

遙知此去棟梁材, 無復淸陰覆綠苔,

只恐月明秋夜冷, 誤他千歲鶴歸來.

(『隨園詩話』)

猿的歸寧

放下丁寧復故林
舊来行處好追尋
月明巫峽堪惆悵
路隔巴山莫厭深
棲宿免勞芳草夢
躋攀應懶白雲心
三秋松子聚聚熟
任抱高枝採不禁

唐王仁裕詩

원숭이의 귀향[猿的歸寧]

풀어주며 당부하여 옛 숲에 가게 하니,

예전부터 다니던 곳 잘 찾아 가려무나.

달 밝은 무협에서 고요함 감당하고,

길 막힌 파산에서 깊은 것 싫다 마라.

푸른 봉우리에서 꿈 꾸느라 애쓰지 않게 되고,

구름 사이 오르내림이 네 본심을 즐겁게 하리

삼추에 솔방울이 다닥다닥 여물어가면,

멋대로 높은 가지 안고서 따는 것 금하지 않으리.

(왕인유王仁裕의 「원숭이를 풀어주다[放猿]」)

放爾丁寧復故林, 舊來行處好追尋.

月明巫峽堪憐靜, 路隔巴山莫厭深.

棲宿免勞青嶂夢, 躋攀應愜白雲心.

三秋松子纍纍熟, 任抱高枝採不禁.

(唐王仁裕詩)

折竿主簿

程明道為上元主簿。
始至邑。見人持黏竿
以傷宿鳥。公取竿折
之。敕使勿為。及任滿。
停舟郊外。問數人其
語曰。此折竿主簿也。
鄉民子弟自此不敢
弋取宿鳥者數年矣。

人譜

낚싯대를 꺾은 주부[折竿主簿]

정명도程明道는 상원주부上元主簿가 되었다. 처음으로 고을에 이르러 사람들이 끈끈이를 칠한 대나무 장대로 자는 새를 다치게 하는 것을 보고 공이 대나무 장대를 가져다가 부러뜨리고 그런 짓을 하지 못하도록 가르쳤다. 임기가 다 차자 들 밖에 배를 대었는데 몇 사람이 함께 말하는 것을 들으니

"이 분은 대나무 장대를 부러뜨린 주부이시오."

라고 했다. 마을 사람의 자제들이 이때로부터 몇 년 동안이나 감히 주살을 가지고 자는 새를 잡지 않았다.

(『인보人譜』에 실려 있다.)

程明道爲上元主簿. 始至邑, 見人持黏竿以傷宿鳥, 公取竿折之, 教使勿爲. 及任滿, 停舟郊外, 聞數人共語曰 : "此折竿主簿也" 鄕民子弟, 自此不敢弋取宿鳥者數年矣. (『人譜』)

一犬不至

江阴陈氏，宗族七
百口，每食设广席，
长幼以次坐而共
食之。有畜犬百馀，
同饭一牢。一犬不食，
则诸犬为之不食。

人语

개들의 의리 있는 식사[一犬不至]

　강주진씨[江州陳氏] 종족[宗族]이 칠백 명이었는데, 매번 먹을 때면 넓은 자리를 펴고 어른과 어린이가 차례대로 앉아 밥을 먹었다. 기르던 개 백 여 마리가 한 우리에서 함께 밥을 먹었는데, 한 마리의 개가 오지 않아도 개들이 먹지 않았다.

　(『인보[人譜]』에 실려 있다.)

　江州陳氏, 宗族七百口, 每食設廣席, 長幼以次坐而共食之. 有畜犬百餘, 同飯一牢, 一犬不至, 諸犬爲之不食. (『人譜』)

鯉魚救子

劉子輿竭塘取魚，放水將半，有二大鯉躍出堰外復躍入，如是再三，子輿異之，因觀堰內有小鯉數百不浮出，故二鯉往救耳，身陷死地不顧也。子輿嘆息，悉出堰放魚。

人語

부모 잉어의 희생[鯉魚救子]

유자여劉子璵가 연못을 비워 물고기를 잡다가 물을 절반쯤 빼냈을 때였다. 큰 잉어 두 마리가 둑 밖으로 뛰어나왔다가 다시 뛰어들기를 두세 차례 반복했다. 유자여가 이상하게 여겨 둑 안을 살펴보니, 작은 잉어 수백 마리가 빠져나오지 못하고 있었다. 두 마리의 큰 잉어는 새끼들을 구하려 했던 것으로, 자신들은 죽음의 위험에 처하더라도 돌보지 않았던 것이다. 유자여는 감탄하며 둑 안의 물고기를 모두 꺼내어 연못에 놓아주었다.

(『인보人譜』에 실려 있다.)

劉子璵竭塘取魚, 放水將半, 有二大鯉躍出堰外, 復躍入, 如是再三. 子璵異之, 因觀堰內有小鯉數百不得出, 故二鯉往救, 寧身陷死地不顧也. 子璵歎息, 悉出堰放魚. (『人譜』)

學士周豫嘗
烹鱔。見有彎
向上者，剖之
腹中皆有子。
乃知曲身避
湯者，護子故
也。自後遂不
復食鱔。人語

烹鱔

드렁허리를 삶다[烹鱔]

학사學士 주예周豫가 일찍이 드렁허리를 삶고 있었는데, 몸을 구부려 위로 향하는 드렁허리가 있는 것을 보았다. 그 드렁허리의 배를 갈라보니 배 속에는 새끼들이 가득했다. 이에 끓는 물을 피하려고 몸을 구부린 것이 배 안의 새끼들을 보호하기 위함임을 알게 되었다. 그 후로 드디어 다시는 드렁허리를 먹지 않았다.

(『인보人譜』에 실려 있다.)

學士周豫嘗烹鱔, 見有彎向上者, 剖之, 腹中皆有子. 乃知曲身避湯者, 護子故也. 自後遂不復食鱔.(『人譜』)

宋真宗祀汾陰，日見一羊自觸道左。怪問之，對曰，今日尚食殺其羊故不如此。真宗問之慘然，自是不殺羊矣。

人語 尚食為司食官名

母羊自殺

어미 양이 자살하다[母羊自殺]

송宋나라 진종真宗황제가 분음汾陰에서 제사를 지내는 날에, 양 한 마리가 길의 왼편에서 스스로 머리를 받는 것을 보았다. 괴이해서 묻자 대답하였다.

"오늘 상식尚食,관직명이 새끼 양을 죽여서 그래서 저렇게 행동하는 것입니다."

진종이 그 말을 듣고 서글프게 여겨서 이때부터 양 새끼를 죽이지 않았다.

(『인보人譜』에 실려 있다.)

宋真宗祀汾陰日, 見一羊自觸道左, 怪問之. 對曰："今日尚食殺其羔, 故爾如此." 真宗聞之慘然, 自是不殺羊羔. (『人譜』. "尚食"者, 司食官名)

桓山之鳥生
四子，羽翼既
成，將分於四
海。其母悲鳴
而送之，哀其
往而不返也。
孔子家語

桓山之鳥

환산의 새[桓山之鳥]

환산의 새가 새끼 네 마리를 낳았는데, 날개가 이미 완성이 되자 사해로 흩어져 간다. 그 어미가 슬피 울면서 전송하였으니, 새끼가 가면 돌아오지 않음을 슬퍼해서였다.

(『공자가어孔子家語』에 실려 있다.)

桓山之鳥生四子, 羽翼既成, 將分於四海, 其母悲鳴而送之, 哀其往而不返也. (『孔子家語』)

綠滿窗前艸不除

程明道窗前茂
艸覆砌或勸之
芟明道曰不可
欲常見造化生
意又置盆池畜
小魚數尾時～
觀之或問其故
曰欲觀萬物自
得意。人謂
得意。

풀을 베지 않는 이유 [綠滿窓前草不除]

정명도程明道의 창 앞에 무성한 풀이 섬돌을 덮고 있었는데, 어떤 사람이 풀을 베라고 권하였다. 정명도가 말하였다.

"그러면 안된다. 항상 조화의 생명력을 보고 싶기 때문이다."

또 작은 못을 만들어 작은 물고기 몇 마리를 기르며 때때로 관찰하였다. 어떤 사람이 그 까닭을 물으니 말씀하셨다.

"만물이 스스로 만족해하는 모습을 보고 싶기 때문이다."

(『인보人譜』에 실려 있다.)

程明道窓前茂草覆砌, 或勸之芟. 明道曰 : "不可, 欲常見造化生意." 又置盆池, 畜小魚數尾, 時時觀之. 或問其故, 曰 : "欲觀萬物自得意." (『人譜』)

初生的小鹿

陳惠度於剡山射孕鹿。阮傷。產下小鹿。以舌舐子身乾，母鹿乃死。惠度見之慘怳。遂棄弓矢法，為僧。人語

어미 사슴의 마지막[初生的小鹿]

진혜도陳惠度가 섬산剡山에서 아이 밴 사슴을 쏘았다. 이미 상처를 받고 작은 사슴을 낳아서 혀로 새끼의 몸뚱이를 핥아 말려 주다가 어미 사슴은 죽었다. 진혜도가 그것을 보고 슬프게 여겨서, 드디어 활과 화살을 버리고 중이 되었다.

(『인보人譜』에 실려 있다.)

陳惠度於剡山射孕鹿. 既傷, 産下小鹿, 以舌舐子身乾, 母鹿乃死. 惠度見之慘然, 遂棄弓矢爲僧. (『人譜』)

方
孽
不
殺

曹武惠王性不
喜殺。所居室壞，
子孫請修葺。公
曰：時方大冬，牆
壁瓦石之間，皆
百蟲所蟄，不可
傷其生。存心愛
物如此。人諳

방을 수리하지 않는 이유[方蟄不殺]

조무혜왕曹武惠王은 천성이 죽이는 것을 좋아하지 않았다. 살던 방이 무너지자 자손들이 수리하기를 청하자 공이 말하였다.

"때가 한겨울이어서 담장의 벽이나 기왓돌 사이에는 모두 온갖 벌레가 겨울잠을 자고 있으니 그 생명을 해쳐서는 안된다"

남을 사랑하는 데 마음 쓰는 것이 이와 같았다.

(『인보人譜』에 실려 있다.)

曹武惠王性不喜殺. 所居室壞, 子孫請修葺. 公曰:"時方大冬, 牆壁瓦石之間, 皆百蟲所蟄, 不可傷其生." 存心愛物如此. (『人譜』)

唐天寶末，沈氏
畜一母鵝，將死。
其雛悲鳴不食。
以綵取薦覆之。
又銜蜀忉列前
若祭狀，向天長
號而死。沈氏義
之，為作孝鵝塚。
之語。人語

孝鵝

효성스런 거위 [孝鵝]

당唐나라 천보天寶 말기에 심씨가 어미 거위 한 마리를 기르고 있었는데, 거위가 죽으려고 하였다. 새끼가 슬피 울면서 먹지 않고, 부리를 가지고 거적을 가져다가 덮어 주었다. 또, 꼴풀을 물어다가 앞에 벌려 놓고 제사를 지내듯이 하면서, 하늘을 향하여 길게 울다가 죽었다. 심씨가 의롭게 여겨서 효아총孝鵝塚을 만들었다.

(『인보人譜』에 실려 있다.)

唐天寶末, 沈氏畜一母鵝, 將死. 其雛悲鳴不食, 以喙取薦覆之. 又銜芻草列前若祭狀, 向天長號而死. 沈氏義之, 爲作孝鵝塚. (『人譜』)

苏长公曰，予自出獄後，遂不殺一物，有餉蟹蛤者即放江中，便全不活，亦愈於烹煎，蓋自己得出患難不具為鷄鴨等脫庖厨不，忍以口腹故使有生之類受無量恐怖耳。

人語

無聲的感謝

환란을 겪고 나서 [無聲的感謝]

소동파가 말하였다.

"내가 감옥에서 나온 뒤로부터 드디어 동물 한 마리도 죽이지 않는다. 누군가 게나 조개를 가져다주면 곧바로 그것들을 강 속에 놓아준다. 곧 게나 조개를 살게 하지는 못하더라도 삶고 끓여서 먹는 것보다는 낫다."

자기가 환란에서 벗어나게 된 것은 닭이나 오리들이 푸줏간에서 벗어나온 것과 다를 것이 없다. 차마 먹을 욕심에 죽일 수 없기 때문에 생명이 있는 종류로 하여금 헤아릴 수 없는 공포를 받게 할 수는 없다.

(『인보人譜』에 실려 있다.)

蘇長公曰："予自出獄後, 遂不殺一物. 有餉蟹蛤者, 即放江中, 便令不活, 亦愈於烹煎." 蓋自己得出患難, 不異雞鴨等脫庖廚. 不忍以口腹故, 使有生之類受無量恐怖耳. (『人譜』)

獵人入山，以槍擊母熊，中要害端坐不倒。近視之，熊死足抱巨石。石下溪中有小熊三戲於水，所以死而不倒者，正恐石落傷其子也。獵人感動，遂終身不復獵。軼聞

已死的母熊

돌을 안고 죽은 어미 곰[已死的母熊]

　사냥꾼이 산으로 들어가서 창으로 어미 곰을 찔렀다. 급소에다 정확히 맞췄으나, 단정히 앉아서 거꾸러지지 않았다. 가까이 가서 보니 곰은 죽어 있었다. 발로 큰 돌을 안고 있었는데, 돌 아래 시냇물에는 자그마한 곰 세 마리가 물장난을 치고 있었다. 죽어서 거꾸러지지 않은 것은 바로 돌이 아래로 굴러 떨어지면 새끼가 상처를 입을까 두려워서였다. 사냥꾼이 감동하여 죽을 때까지 다시는 사냥을 하지 않았다.

　(『일문軼聞』에 실려 있다.)

　獵人入山, 以槍擊母熊. 中要害, 端坐不倒. 近視之, 熊死足抱巨石, 石下溪中有小熊三, 戲於水. 所以死而不倒者, 正恐石落傷其子也. 獵人感動, 遂終身不復獵. (軼聞)

老馬

田子方見老馬於
道,問其御曰:此何
馬也?其御曰:此故
公家畜也,老罷而
不能用,出而鬻之。
田子方曰:少而貪
其力,老而棄其身,
仁者弗為也。束帛
以贖之。　韓非子

늙은 말[老馬]

전자방田子方이 늙은 말을 길에서 만났는데, 그 마부馬夫에게 물었다

"이것은 무슨 말인가?"

마부가 말하였다.

"이것은 옛날에 관청에서 기르던 말입죠. 늙고 쇠약해져 쓸모가 없어져서 내다 팔려고 합니다요."

전자방이 말하였다.

"젊었을 때는 그 힘을 탐하다가, 늙게 되자 그 몸을 내버리니 인자한 사람은 할 일이 아니다."

그러고는 비단으로 값을 치르고 말을 사들였다.

(『한비자韓非子』에 실려 있다.)*

田子方見老馬於道, 問其御曰 : "此何馬也?" 其御曰 : "此故公家畜也, 老罷而不能用, 出而鬻之." 田子方曰 : "少而貪其力, 老而棄其身, 仁者弗爲也." 束帛以贖之. (『韓非子』)

---

* 출전이 『한비자』로 되어 있으나, 실제로는 『회남자(淮南子)』「인간훈(人間 訓)」에 실려 있다.

垂死的犬

商人攜犬遠出索資歸，
憩道旁行時犬忽狂吠，
醫其足商人怒擊之犬，
負重傷而逃商人復行，
乃憶所攜錢囊遺道旁，
因悟犬吠醫足意急返，
憩處見犬抱錢囊臥目，
視商人長號一聲而死。

軼聞

죽어가는 개[垂死的犬]

상인이 개를 데리고 멀리 나가 돈을 구한 뒤 돌아오는 길에 길가에서 쉬었다. 다시 출발하려 할 때 개가 갑자기 미친 듯이 짖으며 상인의 발을 물었다. 상인이 화가 나 개를 내리쳤고, 개는 크게 다친 채 달아났다. 상인이 다시 길을 떠나려다 길가에 돈주머니를 놓고 왔음을 깨닫고, 그제야 개가 짖으며 자신의 발을 문 이유를 알아차렸다. 서둘러 쉬었던 장소로 돌아가니, 개가 돈주머니를 품에 안은 채 누워 있었다. 개는 상인을 보자 길게 한 번 울음소리를 내고는 숨을 거두었다.

(『일문軼聞』에 실려 있다.)

商人携犬, 遠出索資, 歸憩道旁. 行時, 犬忽狂吠, 囓其足. 商人怒, 擊之, 犬負重傷而逸. 商人復行, 乃憶所携錢囊遺道旁, 因悟犬吠齧足意. 急返憩處, 見犬抱錢囊臥. 目視商人, 長號一聲而死. (『軼聞』)

敝衣不棄為埋豬也

敝惟埋馬
敝蓋埋狗
敝衣埋豬
於彼南畝

學童補題

낡은 옷의 마지막 쓰임[敝衣不棄爲埋豬也]

낡은 장막으로는 말을 감싸 묻고

닳은 일산으로는 개를 덮어 묻네

해진 옷으로는 죽은 돼지 감싸

저 남쪽 밭두렁에 조용히 묻으리.

(학동이 제목을 붙이다.)

敝帷埋馬, 敝蓋埋狗,

敝衣埋豬, 於彼南畝.

(學童補題)

鷸蚌相親

世間有漁翁
鷸蚌始相爭
若無殺生者
鷸蚌自相親

即仁補題

도요새와 조개의 교훈[鷸蚌相親]

세상에 늙은 어부 있었기에

도요새와 조개 비로소 다투게 됐네.

살생의 마음 품은 이 없었다면

도요새와 조개는 서로 친구 되었으리.

(즉인即仁이 제목을 붙이다.)

世間有漁翁, 鷸蚌始相爭,

若無殺生者, 鷸蚌自相親.

(即仁補題)

至誠所感

金石為開

至仁所感

貓鼠相愛

學童補題

解放

고양이의 자비^[解放]

지극한 정성에 하늘도 감동하니

굳은 쇠와 돌도 열리게 되고,

지극한 인자함에 하늘도 감동해

고양이와 쥐까지 서로 사랑을 하네.

(학동이 제목을 붙이다.)

至誠所感, 金石爲開.

至仁所感, 貓鼠相愛.

(學童補題)

群魚

来时萍藻欢迎
去亦豪水天活泼
临渊乐与鱼同
不必退而结网

子恺补题

물고기와 함께^[群魚]

올 때에는 부평초가 환영하였고

갈 곳에는 물과 하늘 끝없이 넓네.

연못가에서 물고기와 즐거움 나누니,

물러나서 그물 짤 필요는 없네.

(풍자개^{豊子愷}가 제목을 붙이다.)

來時萍藻歡迎, 去處水天浩蕩,

臨淵樂與魚同, 不必退而結網.

(子愷補題)

羣鷗

海天厭深
山不厭高
積德行仁
鷗鳥可招

東園補題

갈매기 떼[群鷗]

바다처럼 깊기를 마다 않고

산처럼 높기를 마다 않듯이,

덕을 쌓고 어진 일을 행하게 되면

갈매기를 불러서 올 수가 있네.

(동원東園이 제목을 붙이다.)

海不厭深, 山不厭高,

積德行仁, 鷗鳥可招.

(東園補題)

归市

尔不害物
物不害尔
殺機一去
飢虎为尾

即仁補題

살생의 마음 버리기[歸市]*

네가 남을 해치지 않으면,

남들도 너를 해치지 않을 것이니,

살생의 마음 한번 버리게 된다면

굶주린 범 꼬리도 잡을 수 있네.

(즉인卽仁이 제목을 보충하다.)

爾不害物, 物不害爾,

殺機一去, 饑虎可尾.

(卽仁補題)

---

* 귀시(歸市) : 『맹자(孟子)』「양혜왕하(梁惠王下)」에 "그를 따르는 사람들이
  시장으로 가는 것 같았다[從之者如歸市]"라 나온다.

采藥

攜兒謁長老

迢迢靈山腳

老衲有好意

贈我長生藥

學童補題

약을 캐다[采藥]

아이 데리고 노인 뵈러 갔다가

영산 아래 길에서 만나게 됐네.

늙은 이무기가 좋은 생각 있어서,

나에게 장생하는 약을 준 것이네.

(학동이 제목을 붙이다.)

携兒謁長老, 路遇靈山脚,

老蟒有好意, 贈我長生藥.

(學童補題)

遊山

眾生惡殘暴
萬物樂仁慈
不嗜殺人者
游山亦跨獅

嬰行補題

산을 유람하다[遊山]

중생들은 잔학한 것 미워하였고,

만물들 인자한 것 즐겁게 여기니,

살인을 즐겨하지 않는 사람은

산 거닐며 사자 등에 탈 수가 있네.

(영행嬰行이 제목을 붙이다.)

衆生惡殘暴, 萬物樂仁慈,

不嗜殺人者, 遊山可跨獅.

(嬰行補題)

有麟有麟在郊野
狼頷馬蹄善踴躍
不踐生艸不履蟲
雖設武備不侵暴

子愷補題

麟在郊野

성스러운 기린이 들판에 오다^[聖麟降野]

기린이여 기린이여 들판에 있으니,

이리의 이마에 말굽으로 경쾌히 뛰네.

한 포기 풀도 해치지 않으며 작은 벌레도 밟지 않으니,

비록 무장을 갖추어도 침략하지 않네.

(풍자개^{豊子愷}가 제목을 붙이다.)

有麟有麟在郊野, 狼額馬蹄善踊躍,

不踐生草不履蟲, 雖設武備不侵略.

(子愷補題)

鳳立列樹

鳳鳥來儀
兵戈不起
偃武修文
万邦慶喜
鳳兮鳳兮
好德之美

即仁補題

나무에 있는 봉황 [鳳在列樹]

봉황이 날아와서 춤을 추면,

난리가 나지 않는 것이네.

무기를 쓰지 않고 문교^{文教} 닦으면

온 나라가 경사로 기쁘게 되네.

봉황이여! 봉황이여!

어찌나 덕이 그처럼 아름다운가.

(즉인^{即仁}이 제목을 붙이다.)

鳳鳥來儀, 兵戈不起,

偃武修文, 萬邦慶喜,

鳳兮鳳兮, 何德之美!

(即仁補題)

毛道凡夫　火宅眾生

胎卵濕化　一切有情

善根苗種　佛果終成

我不輕汝　汝毋自輕

庚辰居士偈　此畫為放生儀式
與護生畫初集末頁相同宜參觀之

楊枝淨水

불성의 깨달음[楊枝淨水]

번뇌의 길에 선 범부여,

불타는 집[火宅]의 중생들과

태생·난생·습생·화생의

모든 존재들이여!

선근을 진실로 심으면

끝내 불과佛果를 이룰 것이다.

내 그대를 멸시하지 않으니

그대 스스로를 폄하하지 말라.

(당唐나라 백거이의 게송이다. 이 그림은 방생의식을 나타내며,

『호생화초집』의 마지막 항목과 동일하니 함께 참고하기 바란다.)

毛道凡夫, 火宅衆生,

胎卵濕化, 一切有情,

善根苟種, 佛果終成,

我不輕汝, 汝毋自輕.

(唐白居易偈. 此畫爲放生儀式, 與『護生畫初集』末頁相同, 宜參觀之)

기묘년(1939년) 가을이 저물어갈 때, 『속호생화』 그림이

毛道凡夫　火宅眾生
胎卵濕化　一切有情
善根萌種　佛果終成
我不輕汝　汝毋自輕

庚白居士偈　此畫為放生儀式
与護生畫初集　末頁相同　且參觀之

楊枝淨水

완성되었다. 나는 노쇠하고 병들어 그 그림에 시를 보충하여 쓰지 못하였다. 힘을 다해 이 글을 써서 남기는 마음이나마 간직하고자 할 뿐이다. 만청노인이 쓰다.

己卯秋晚,『續護生畵』繪就. 餘以衰病, 未能爲之補題. 勉力書寫, 聊存遺念可耳, 晚晴老人.

吃的是草
搾的是乳
鲁迅句

若慕牛力大　牛食草為糧
若慕豬體肥　豬食糟與糠
請觀牛與豬　不因食肉強
若慕肉味美　何不自割嘗
自割知痛苦　割他意揚揚
世無食肉者　屠門不開張
秋篠賢詩

피해야 할 육식(노신의 구절이다) [喫的是草, 擠的是乳(魯迅句)]★

소의 힘센 것만을 부러워한다면

소는 오직 풀만 먹고 살아가네.

돼지의 살진 몸을 부러워한다면

돼지는 술지게미와 겨만 먹었네.

살펴보라! 소와 돼지들을,

고기 먹어 강해진 것 아니라네.

고기 맛 좋다고 부러워한다면

어찌 스스로 살을 베어 맛보지 않나?

자신의 살 베면 고통 알게 되지만,

다른 동물 살 벨 때는 의기양양하네.

세상에 고기 먹는 사람 없다면

푸줏간은 열리지 않을 것이네.

(적보현狄葆賢의 시)

若慕牛力大, 牛食草爲糧;

若慕豬體肥, 豬食糟與糠;

★ 제목은 루쉰의 두 번째 부인 쉬광핑(許廣平)이 쓴 「위안이 되는 기념[欣慰 的紀念]」에 "我好像一只牛, 吃的是草, 擠出來的是奶、血."라 나온다.

喫的是草
擠的是乳
魯迅句

若慕牛力大　牛食草為糧
若慕豬體肥　豬食糟與糠
請觀牛與豬　不因食肉強
若慕肉味美　何不自割嘗
自割知痛苦　割他意揚揚：
世無食肉者　屠門不開張
狄葆賢詩
圖

請觀牛與豬, 不因食肉強.

若慕肉味美, 何不自割嘗?

自割知痛苦, 割他意揚揚;

世無食肉者, 屠門不開張.

(狄葆賢詩)

耕烟犁雨幾經年
領破皮穿未敢
老命自知豈是
前功還空主人

蓉湖愚者詩

耕烟犁
雨幾經年

늙은 소의 하소연 [耕煙犁雨幾經年]

안개 속에 밭 갈고 비 맞으며 쟁기질한 지 몇 해던가
목덜미 헤지고 살갗 벗겨져도 감히 쉬지 못하겠네.
늙은 목숨 아깝지 않음을 스스로 알지만,
그간의 공로만은 주인이 가엾게 여기길 바라네.
(용호우자蓉湖愚者의 시)

耕煙犁雨幾經年, 領破皮穿未敢眠,
老命自知無足惜, 前功還望主人憐.
(蓉湖愚者詩)

村舍有牛宮　架以曲尺木
特牯暨四三　憩此共泥伏
牧童騎徙行　跨之上原陸
日夕病下来　各自舐其犢

清　朱彝尊村舍詩 🔲

日夕病下来
各自舐其犢

어미 소의 보살핌[日夕齊下來, 各自舐其犢]

마을 집에 외양간이 하나 있으니,

굽은 나무 가지고 만들어졌네.

암소와 수소 서너 마리 있으니,

이곳을 사랑해 진흙에 함께 누웠네.

목동들이 몰아서 가게 하여서,

소를 타고 들판에 올랐다가는,

저녁되면 모두 함께 돌아와서는

제각자 제 송아지를 핥아주었네.

(주이존朱彝尊의 「시골집[村舍]」)

村舍有牛宮, 架以曲尺木,

牸牡盈四三, 戀此共泥伏.

牧童驅使行, 跨之上原陸,

日夕齊下來, 各自舐其犢.

(淸 朱彝尊, 「村舍」詩)

休沐

昔日從戎陣　流汗幾東西

一日馳千至　三丈披深泥

凌冰頻傷骨　翻霜屢損蹄

勿言年邁著　尋途尚不迷

陳沈烱老馬詩

늙은 말의 자부심[休沐]

그 옛날 전쟁터를 따를 때에는

땀 흘리며 동서로 누비었다네.

하루에도 천 리를 달리어서는

세 길 깊은 진흙도 빠져 나왔네.

물 건널 땐 종종 뼈에 상처 입었고,

서리 밟을 땐 자주 발굽 다쳤네.

나이가 들었다고 말하지 말라.

길 찾는 데 아직도 헤매지 않으니,

(심형沈炯의 「늙은 말[老馬]」)

昔日從戎陣, 流汗幾東西,

一日馳千里, 三丈拔深泥.

渡水頻傷骨, 翻霜屢損蹄,

勿言年齒暮, 尋途尚不迷.

(陳 沈炯, 「老馬」詩)

伸腳樹下眠
可惜無煩惱

鹿生深山中　飲水而食草
伸腳樹下眠　可惜無煩惱
繫之在華堂　肴膳極肥好
終日不肯食　形容轉枯槁

寒山子偈

자유의 가치[伸脚樹下眠, 可憐無煩惱]

깊은 산중에 사슴 태어나서는,

물을 마시고 풀을 뜯어 먹는다.

다리를 뻗고 나무 밑에서 자니

사랑스럽네. 번뇌 없는 모습이여.

화려한 집에다가 매어 놓으면,

맛난 먹이 아무리 좋다하여도

온종일 먹으려고 하지 않으니,

그 모습이 갈수록 말라만 갔네.

(한산자寒山子의 게송)

鹿生深山中, 飮水而食草,

伸脚樹下眠, 可憐無煩惱.

繫之在華堂, 肴膳極肥好,

終日不肯食, 形容轉枯槁.

(寒山子偈)

困與麋麚相伴眠

饑食松花渴飲泉
偶逢山後到山前
陽坡軟草厚如織
困與鹿麚相伴眠

唐 盧仝詩

사슴과 함께 자다 [困與鹿麕相伴眠]

주리면 송화 먹고 목마르면 샘물 마시며,

어쩌다 산 뒤에서 산 앞까지 이르렀네.

양지 바른 비탈의 부드런 풀 비단처럼 두꺼워서,

피곤한 김에 사슴 새끼와 함께 나란히 잠이 드네.

(노동盧仝의 시)

饑食松花渴飮泉, 偶從山後到山前,

陽坡軟草厚如織, 困與鹿麕相伴眠.

(唐 盧仝詩)

鄰家有老嫗　子去一孤身

誰為慰孤寂　一匹白鼻豚

夜宿摳床下　畫眠摳腳根

晴日湯友去　豬珊到前村

老嫗一聲喚　踟躕返柴門

會意遂膝狗　群語近似人

有時坐牆膝　如祖把幼孫

哈哈復嘻嘻　宛如敘天倫

秋早直到冬　迄年途歲出

老嫗生計拙　箪瓢屢空

地主索祖稅　一刻緩不容

老嫗奈何　賣豚去富前

富翁來牽豚　豚遁破筒中

老嫗仰天哭　涕淚汩滿胸

鄰人皆忩駭　富翁且著聲

麻繩束豚頭　牽之遠橋東

緣二堂主詩

鄰家老婦閒無事
落日呼歸白鼻豚

늙은 할멈과 흰 코 돼지[鄰家老婦閑無事, 落日呼歸白鼻豚]

이웃집에 늙은 할멈 살고 있으니

외로운 혈혈단신 신세였다네.

누가 그녀 위해 적적함 위로해주랴.

흰 코 가진 한 마리 돼지뿐이었네.

밤이면 할멈의 상 밑에서 자고

낮이면 할멈의 발치에서 졸았네.

갠 날에 친구 찾아 가게 될 때면

절뚝대며 앞 마을에 이르러 있네.

늙은 할멈 한바탕 휘파람 불면

돼지는 달려와서 사립문에 돌아온다네.

마음 알아줌이 개보다 훨씬 낫고,

말 이해하는 능력 사람과 같네.

때로는 할멈의 무릎에 앉아

할멈이 어린 손자 안은 듯했네.

웃음소리 내다가 꿀꿀거리니

마치 천륜을 나누는 듯 했네.

가을에 가물다 곧 겨울 이르니

이해에는 흉년이 들게 됐다네.

늙은 할멈 생계에 서툴어서는,

그릇이 자꾸자꾸 비어 있었네.

땅 임자는 세금을 거두어서는,

잠시라도 늦추는 것 용납지 않네.

늙은 할멈이 어쩔 도리 없어서

돼지 팔아 부자 영감에게 주었네.

부자 영감 와서 돼지 끌고 가려하니

돼지는 부서진 대바구니 속에 숨었네.

늙은 할멈 하늘을 우러러 곡 하니,

눈물 흘러 가슴에 가득하였네.

그것을 본 이웃도 다 시큰해졌으나

부자 영감만 귀먹은 듯 하였네.

삼줄로 돼지의 목을 죄어서

끌고 다리 동쪽을 지나서 갔네.

(연연당주緣緣堂主의 시)

鄰家有老嫗, 孑然一孤身,

誰爲慰孤寂, 一匹白鼻豚.

夜宿嫗床下, 晝眠嫗脚根,

晴日訪友去, 蹣跚到前村.

262

老嫗一聲嘯, 踽躍返柴門,

會意遠勝狗, 解語近似人.

有時坐嫗膝, 如祖抱幼孫,

哈哈復哮哮, 宛如敘天倫.

秋旱直到冬, 是年逢歲凶,

老嫗生計拙, 簞瓢屢屢空.

地主索租稅, 一刻緩不容,

老嫗無奈何, 賣豚與富翁.

富翁來牽豚, 豚匿破笥中,

老嫗仰天哭, 涕淚流滿胸.

鄰人皆心酸, 富翁耳若聾,

麻繩束豚頸, 牽之過橋東

(緣緣堂主詩)

263

每饌必烹鮮　未見長肌

今朝血濺地　明日仍栲

彼命從微賤　痛苦不能

殺我待如何　將人試比畜

宋　蘇軾戒殺詩

將人試比畜

살생을 경계하는 마음^[將人試比畜]

밥을 먹을 때마다 반드시 생선 삶아도,

몸이 튼튼해지지 않음을 보네.

오늘 아침에 피를 땅에 뿌려도

이튿날에 다시금 배고파지네.

그 생명 비록 작고 약하긴하나

고통 속에 울지는 못하는구나.

나를 죽인다 한들 어떠하겠나?

한번 사람을 가축으로 간주해 보길

(소식蘇軾의 「살생을 경계하다^[戒殺]」)

每饌必烹鮮, 未見長肌肉,

今朝血濺地, 明日仍枵腹.

彼命縱微賤, 痛苦不能哭,

殺我待如何, 將人試比畜.

(宋 蘇軾, 「戒殺詩」)

義狗救豬

閩南傳說

血肉淋漓味足珍
一般痛苦怨難伸
設身變地捫心想
誰肯將刀割自身

宋陸游示小斯詩

칼날 앞의 공감(민남閩南의 전설傳說)[義狗救豬(閩南傳說)]

피 흐르는 고기의 맛이야 좋겠지만,

동물의 고통과 원망 호소하기 어렵네.

입장 바꿔 생각하며 가슴에 손 얹어보니,

누가 기꺼이 칼로다 자기 몸 가르겠나.

(육유陸遊의 「하인에게 보이다示小廝」)

血肉淋漓味足珍, 一般痛苦怨難伸,

設身處地捫心想, 誰肯將刀割自身?

(宋 陸遊, 「示小廝」詩)

獸中刀槍多怒吼
鳥遭羅弋盡哀鳴
美羊羔羊緣何事
闇知屠門去一聲
唐 白居易詩 禽蟲十二章 之一

老羊羸瘦
小羊肥

목소리 없는 희생자 [老羊羸瘦小羊肥]

짐승은 칼과 창에 맞아 크게 울부짖고,

새는 그물과 화살에 걸려 모두 슬피 우네.

염소는 입이 있건만 어찌 말을 하였던가,

도살장에선 소리 없이 죽어가는데.

(백거이白居易의「금충십이장禽蟲十二章」중에 여섯 번째 시)

獸中刀槍多怒吼, 鳥遭羅弋盡哀鳴.

羔羊口在緣何事, 暗死屠門無一聲?

(唐 白居易詩,「禽蟲十二章」之一)

白狗名皇畢
喘息窜下伏
口中雖有藥
黑狗從門入
上前施救護
白狗低頭似

頭頂已負傷
血流兩耳旁
敢用善其方
見狀大驚惜
用舌舐其創
兩淚欲奪眶

緣二堂主詩

舐傷

상처난 곳을 핥아준다 [舐傷]

흰 개가 허겁지겁 돌아왔는데
정수리에는 이미 상처 입었네.
헐떡대며 부엌 아래 엎드렸으니
두 귀 옆으로 피가 흘러 내리네.
입 속에는 약으로 쓸 침이 있지만
쓰려 해도 방법이 아예 없다네.
검은 개가 문으로 들어와서는
그 모습 보자 크게 당황 하였네.
다가가서 정성껏 간호해주며,
혓바닥으로 상처 핥아주었네.
흰 개가 머리 숙여 누워 있는데
두 눈에선 눈물이 나오려 하네.

(연연당주緣緣堂主의 시)

白狗倉皇歸, 頭頂已負傷,
喘息灶下伏, 血流兩耳旁,
口中雖有藥, 欲用苦無方.
黑狗從門入, 見狀大驚慌,

271

白狗含皇歸　　頭頂已負傷
喘息竄下伏　　血流兩耳旁
口中雖有藥　　故用誤其方
黑狗從門入　　見狀大驚慌
上前施救護　　用舌舐其創
白狗低頭似　　兩淚欲奪眶

緣一堂主詩

舐傷

上前施救護, 用舌舐其創,

白狗低頭臥, 兩淚欲奪眶.

(緣緣堂主詩)

裹鹽迎得小貍奴
盡護山房萬卷書
慚愧家貧資俸薄
寒無氈坐食無魚
宋 陸游贈貓詩

小貓似小友憑肩看畫面

가난한 집의 고양이^[小猫似小友, 憑肩看畫圖]

소금 한 봉지 주고 얻은 작은 고양이
산방에 만 권 책을 모두 다 지켜주네.
부끄럽게도 집 가난해 녹봉 적으니,
추워도 방석 없고 식사엔 생선 없네.

(육유^{陸遊}의 「고양이에게 주다^[贈猫]」)

裹鹽迎得小狸奴, 盡護山房萬卷書,
慚愧家貧資俸薄, 寒無氈坐食無魚.

(宋 陸遊, 「贈猫」詩)

我家有猫名白象　一胎五子哺乳忙
每日三餐须一唤　不梳不洗卧回房
五子争乳各逞强　日夜缠绕母身劳
二子脚踏母猫头　母指折断母眼伤
三子攀登母猫腹　母身不动似著仪
百般辛苦尽甘心　慈母之爱无限量
天地生物皆如此　戒之慎勿至相戕
缘缘堂主诗

白象
及其五子

백상과 아기 고양이[白象及其五子]

우리 집 고양이는 이름이 백상인데,

다섯 마리 새끼 낳아 먹이느라 정신없네.

매일 세 끼 허겁지겁 젖을 새끼 먹이느라

몸단장 않은 채로 곧장 방에 돌아오네.

새끼들 젖 다투어 각자 힘 과시하며

밤낮으로 둘러싸서 어미 옆 자리했네.

두 마리는 발로다 어미 머리 밟아대니,

어미 수염 부러지고 눈에 상처 생겼네.

세 마리는 어미 배에 올라타 있더라도,

어미는 꼼짝않고 죽은 듯 누워 있네.

온갖 고생 달게 여기며 정성을 다했으니

자식 향한 어미 사랑 정말로 가없었네.

세상의 생물들은 모두 이와 같았으니

경계하여 서로를 해치지 말지어다.

(연연당주緣緣堂主의 시)

我家有猫名白象, 一胎五子哺乳忙,

每日三餐匆匆喫, 不梳不洗即回房.

我家有猫名白象 一胎五子哺乳忙
每日三餐象：奥 不梳不洗印凹房
五子争乳各逞强 日夜缠绕母身旁
二子脚踏母猫头 母指折断母眼偏
三子攀登母猫腹 母身不动似苦僧
百般辛苦尽甘心 慈母之爱重限量
天地生物皆如此 戒之慎勿互相戕

缘缘堂主诗

白象
及其五子

五子爭乳各逞強, 日夜纏繞母身旁,

二子脚踏母猫頭, 母鬚折斷母眼傷,

三子攀登母猫腹, 母身不動臥若僵.

百般辛苦盡甘心, 慈母之愛無限量,

天地生物皆如此, 戒之慎勿互相戕.

(緣緣堂主詩)

고양이의 두 얼굴[小貓親人]

사람들은 말하네 가축 중에서
고양이만큼 친근한 것 없다고
언제나 사람 품에 안겨 있다가
밤이면 사람과 함께 이불을 덮네.
먹을 것 찾을 때면 아양 떨며 우니
그 애교가 사람의 맘 움직이었네.
분명 인자한 성품 타고 났으니
결코 난폭한 무리는 아니리라.
그런데 쥐를 만나면 어찌 그리
얼굴이 갑작스레 흉악해지는지.
이빨을 드러내고 발톱 휘두르며
잔인하게 죽여서 삼켜버리네.
아! 이런 나쁜 습관이여
고양이의 본성은 아닐 것이네.
노승에게 작은 고양이 있었는데
어릴 적부터 고기 먹지 않았네.
매일 매일 채소와 밥을 먹으며,
가끔은 구운 떡을 먹기도 했지.

물고기 보면 두려워 물러서지만

쥐 보면 한 번 소리 내질러주네.

쥐들이 고양이의 울음 들으면

떼지어 멀찍이 달아나 버리니.

사람들 쥐의 해악 피하려 한다면

어찌 꼭 쥐의 목숨 앗아야 하리?

(연연당주緣緣堂主의 시)

人言家畜中, 惟猫最可親,

盡偎人懷內, 夜與人同衾.

索食嬌聲啼, 柔媚可動人,

應是仁慈種, 決非強暴倫.

豈知見老鼠, 面目忽猙獰,

張牙且舞爪, 殘殺又噬吞.

嗟哉此惡習, 恐非猫本性,

老僧有小猫, 自幼不茹葷.

日食青蔬飯, 有時啖大餠,

見魚却步走, 見鼠叫一聲.

老鼠聞猫叫, 相率遠處遁,

人欲避鼠患, 豈必殺鼠命?

（緣緣堂主詩）

秋月不歸寢　塵封匣字床

拂塵開抽屜　有物觸我目

五顆花生米　各有累累腳

啣圖手帕中　見風咭悉縮

熊我老鼠娘　偕妝為鼠櫥

我不殺汝子　汝勿佔我屋

置帕主碗中　移放尓牆角

限期今夜裡　領子還送速

夜静電燈熄　屋裏有諸月

我没微光中　静有鼠娟出

束尋又西我　皇皇退沒　　行至土碗旁　其樂不可過

毋尋一子　急急進土穴　惶惶十往来　好事方完畢

我愛除鼠惠　更愛好生德　寧願瓷碗破　不顧長毅業

緣緣堂主詩

母鼠救子

어미 쥐의 구조작전[母鼠救子]

두 달 동안 집 비워 놓았더니만

글씨 쓰던 책상에 먼지 뽀얗네.

먼지를 털어내고 서랍을 여니

어떤 물건 내 눈에 들어왔는데,

다섯 개의 땅콩 같은 것들에

각각 네 개 다리가 달려있었고

손수건 안에서 기어다니다

바람 맞자 모두들 움츠러드네.

영리하구나! 어미 쥐야

이것 빌려 보금자리 삼고 있구나.

나는 네 새끼들을 안 해치리니

너는 내 집을 차지하지 말아주기를.

질그릇 가운데에 손수건 담아

동쪽 담 모퉁이에 옮겨다 놓고

오늘 밤까지 기한 정해 놓으니

새끼들 데리고서 빨리 떠나라.

밤에 고요하고 등불 꺼진 뒤

대들보에 지는 달빛 비춰주는데

나는 희미한 빛 속에서

조용히 어미 쥐 나오는 걸 보았네.

이리저리 분주히 찾아다니며

안절부절 초조한 모습이더니

질그릇의 옆쪽에 이르게 되자

기쁨을 감추지 못하였다네.

서둘러 새끼 하나 입에 물고서

재빨리 흙구멍으로 들어가더니

열 번이나 왔다 갔다 왕래하면서

좋은 일을 완전히 끝마치었네.

나는 쥐의 해를 없애고 싶지만

생명 아끼는 덕이 더 소중하니

옷과 신발 해어지길 바랄지언정

살생의 죄업 쌓기 원치 않노라.

(연연당주緣緣堂主의 시)

兩月不歸宿, 塵封寫字桌,

拂塵開抽屜, 有物觸我目.

五顆花生米, 各有四隻脚,

匍匐手帕中, 見風皆瑟縮.

286

黠哉老鼠娘, 借此爲產褥,

我不殺汝子, 汝勿占我屋.

置帕土碗中, 移放東牆角,

限期今夜裏, 領子須從速.

夜靜電燈熄, 屋梁有落月,

我從微光中, 靜看鼠娘出.

東尋又西找, 皇皇復汲汲,

行至土碗旁, 其樂不可遏.

匆匆銜一子, 急急進土穴,

憧憧十往來, 好事方完畢.

我愛除鼠患, 更愛好生德,

寧願衣屨破, 不願長殺業.

(緣緣堂主詩)

鄴蒙

放爾千山萬里身
野泉晴樹好為鄰
啼時莫近瀟湘岸
明月孤舟有旅人

唐 吉師老放猿詩

원숭이를 놓아주다[鄰家]

깊은 산 속 천 리에다 원숭이 널 놓아주니

샘물과 나무들을 이웃 삼아 잘 살아라.

올 때에 소상瀟湘 언덕 가까이 하지 말라.

밝은 달 비친 배 안에는 나그네 있으니.

(길사노吉師老의 「원숭이를 놓아주다[放猿]」)

放爾千山萬里身, 野泉晴樹好爲鄰,

啼時莫近瀟湘岸, 明月孤舟有旅人.

(唐 吉師老, 「放猿」詩)

鄰人征涪陵見猿母
抱子艾射中之子為
拔箭取禾葉塞創艾
歎息授弓水中

宋 齊束琤語

拔箭

새끼 원숭이의 효심[拔箭]

등애鄧艾가 부릉涪陵을 정벌할 때 새끼를 안고 있는 어미 원숭이를 보고 화살을 쏘아 맞혔다. 새끼 원숭이가 어미를 위해 화살을 뽑아내고 나뭇잎을 가져다 상처를 막아주었다. 이를 본 등애는 깊이 탄식하며 쇠뇌를 물속에 던져 버렸다.

(송宋나라 『제동야어齊東野語』에 실려 있다.)

鄧艾征涪陵, 見猿母抱子, 艾射中之. 子爲拔箭, 取木葉塞創. 艾歎息, 投弩水中. (宋『齊東野語』)

吉州有捕猿者殺其母
之皮剥其子賣之龍泉
蕭氏示以母皮孤之跳
擲而斃蕭氏為作孝猿傳
宋　齊東野語

母之皮

어미의 가죽[母之皮]

길주吉州에 원숭이를 잡는 자가 있었는데, 어미를 죽이고 가죽을 벗겨 새끼와 함께 용천龍泉의 소씨蕭氏에게 팔았다. 어미의 가죽을 보이자 새끼가 가죽을 껴안고 길길이 날뛰다가 죽고 말았다. 소씨는 이 원숭이 새끼를 위해 효원전孝猿傳」을 지었다.

(송宋나라 『제동야어齊東野語』에 실려 있다.)

吉州有捕猿者, 殺其母之皮並其子賣之龍泉蕭氏. 示以母皮, 抱之跳擲而斃. 蕭氏爲作『孝猿傳』. (宋『齊東野語』)

綱於谷見凌主兩涙稽首搏膺屢
指其腹主大怪戒雲人保以守之
是夕果誕二子因感此事遂韋
大理寺原貸甚衆
宋湘山野錄

李後主救狙南

이후주^{李後主}의 자비로운 구원^[李後主救狙圖]

이후주^{李後主}가 일찍이 청룡산^{靑龍山}에서 사냥을 하던 중, 한 마리의 암컷 원숭이가 골짜기에서 그물에 걸렸다. 이후주는 암컷 원숭이가 비 오듯 눈물을 흘리며 머리를 조아리고 가슴을 치며 여러 번 배를 가리키는 모습을 보았다. 이를 매우 이상하게 여긴 이후주는 사냥꾼들에게 원숭이를 조심스레 지키라 명했다. 그날 밤, 암컷 원숭이는 과연 두 마리의 새끼를 낳았다. 이후주는 이 일에 감동하여 대리사^{大理寺}에 돌아가 많은 죄수를 사면해 주었다.

(『상산야록^{湘山野錄}』에 실려 있다.)

李後主嘗獵于靑龍山, 一牝狙觸網於谷. 見後主雨淚稽首搏膺, 屢指其腹. 主大怪, 戒虞人保以守之. 是夕果誕二子. 因感此事, 還幸大理寺, 原貸甚衆. (宋『湘山野錄』)

雞棲于塒
單覆毋
貓生一子
宛如狼
吹萬樓句

慈烏失其母　啞啞吐哀音
晝夜不飛去
經年守故林　夜夜夜半啼
聞者為沾襟
聲中如告訴　未盡反哺心
百鳥豈無母
爾獨哀怨深　應是母慈重
使爾悲不任
昔有吳起者　母歿喪不臨
嗟哉斯徒輩
其心不如禽　慈烏復慈烏
鳥中之曾參

唐　白居易

慈烏夜啼詩

어미를 잃은 까마귀의 슬픔(취만루^{吹萬樓}의 시구이다)

[雞撫群雛爭護母, 貓生一子宛如娘(吹萬樓句)]

자애로운 까마귀가 어미 잃으니

까악까악 슬픈 소리 토해내었네.

밤낮으로 날아서 떠나지 않고

해를 넘겨 옛 숲을 지키었다네.

밤마다 한밤중에 울어댔으니

듣는 자들 옷깃이 적시어졌네.

울음 소리 마치 하소연하는 듯,

반포의 효심 다하지 못해서였네.

온갖 새들 어찌 어미 없으랴마는,

너만 유독 깊은 슬픔 잠기었으니

응당 어미 사랑이 중하기 때문에

너의 슬픔 가눌 길 없게 하였네.

옛날 오기^{吳起}란 자가 있었으니,

어머니 죽었어도 장례 안갔네.

아! 슬프구나. 이러한 무리들은

그 마음이 새만도 못하구나.

자애로운 까마귀여, 자애로운 까마귀여

雞孵鳧雛
單覆母
貓生二子
宛如狼
吹萬接句

慈烏失其母　啞啞吐哀音　晝夜不飛去
經年守故林　夜夜夜半啼　聞者為沾襟
聲中如告訴　未盡反哺心　百鳥豈無母
爾獨哀怨深　應是母慈重　使爾悲不任
昔有吳起者　母歿喪不臨　嗟哉斯徒輩
其心不如禽　慈烏復慈烏　鳥中之曾參

唐　白居易

慈烏夜啼詩

새 중에서 증삼曾參이로다.

(백거이白居易의 「자애로운 까마귀가 밤에 울다[慈烏夜啼]」)

慈烏失其母, 哑哑吐哀音,

晝夜不飛去, 經年守故林.

夜夜夜半啼, 聞者爲沾襟,

聲中如告訴, 未盡反哺心.

百鳥豈無母, 爾獨哀怨深?

應是母慈重, 使爾悲不任.

昔有吳起者, 母歿喪不臨,

嗟哉斯徒輩, 其心不如禽.

慈烏復慈烏, 鳥中之曾參!

(唐 白居易, 「慈烏夜啼」詩)

擬難如提籃　任聽難倒懸

難身苦掙扎　提者如不見

提入廚房中　殺戮任他便

遺屍經盤上　陳列稱盛宴

緣緣堂主詩

人道主義者

위선적인 인도주의자[人道主義者]

닭을 바구니 들 듯 들어올려서,

제멋대로 거꾸로 매달아 놓으니

닭은 괴로워서 발버둥치나

들고 있는 사람은 모른 체하네.

닭을 들고서 주방 안에 들어가

마음대로 닭을 죽여버리고

접시 위에 시신을 올려 놓고서

진수성찬이라고 자랑을 하리.

(연연당주緣緣堂主의 시)

提雞如提籃, 任聽雞倒懸,

雞身苦掙扎, 提者如不見.

提入廚房中, 殺戮任他便,

遺屍登盤上, 陳列稱盛宴.

(緣緣堂主詩)

幾番餘粒撒籬間

翹翹呼雞逐飽餐

祇道主人恩意厚

誰知要汝肉登盤

清 趙翼 觀餵雞詩

餵雞聯想

닭 주인의 다른 속셈[餵雞聯想]

키질하고 절구질해 낟알 울 틈에 뿌리고,

구구구 닭 불러서 배불리 먹게 하네.

다만 주인 은혜가 깊다고만 여겼더니,

누가 네 살이 소반에 오를 줄 알았겠나.

(조익趙翼의 「닭에게 먹이를 주는 것을 보며[觀餵雞]」)

簸舂餘粒撒籬間, 吶吶呼雞恣飽餐,

祇道主人恩意厚, 誰知要汝肉登盤.

(淸 趙翼, 「觀餵雞」詩)

赤幘裁：玉羽明
雞閒新織竹籠成
老人湥此知晉眈
不見元戎報五更
宋 陸游 鷄詩

叫落滿天星

시간을 알려주는 닭[叫落滿天星]

붉은 벼슬 높이솟고 옥같은 깃털 빛나는데

울타리 안에 새로 짠 대나무 우리 완성했네.

노인이 이제부터 아침저녁 알게 되니

파수꾼이 오경 알릴 필요가 없어졌네.

(육유陸遊의 「닭을 노래하다[雞詩]」)

赤幘峨峨玉羽明, 籬間新織竹籠成,

老人從此知昏曉, 不用元戎報五更.

(宋 陸遊, 「雞詩」詩)

人々愛物々 物々愛生全
鷄見庵人執 驚飛集棠前
承問屠儈售 兩涙墮衣裩
方寸屈局々 祇為口難言
　清　周思仁　戒殺詩

人之初
性本善

짐승도 제 목숨이 귀하다 [人之初, 性本善]

사람은 동물을 사랑한다 하나,

동물은 제 목숨 온전하길 바라네.

닭은 백정이 잡으려는 것 보고서,

놀라 날아 책상 앞에 모여들었네.

돼지는 도축되어 팔린다는 소식 듣고서

두 눈에서 눈물이 샘처럼 솟네.

마음속으로 똑똑히 알고 있으나

다만 입으로 말하지 못할 뿐이네.

(주사인周思仁의 「살생을 경계하다[戒殺]」)

人人愛物物, 物物愛生全,

雞見庖人執, 驚飛集案前,

豕聞屠價售, 兩淚湧如泉,

方寸原了了, 祗爲口難言.

(清 周思仁, 「戒殺」詩)

投荒

送歲鞭炮聲斷續　四鄰鬧雜聲雜笑

忽然一難飛入屋　寄、懶、橘下伏

涵泣授我我瘝盲　即偏我糧供涵啄

慊尒毎葷遠怵毒　留作長生報晩噎

林禽言糧言拘束　家畜有糧起烹戮

荒荒地脫宽俵獄　随我生西随念佛

蓮舟上人詩

닭의 피신[投奔]

한 해 보내는 폭죽 소리 끊길 듯 이어지는데,

이웃집에서 닭 잡으니 닭들이 울부짖네.

갑자기 닭 한 마리 집안으로 날아들어

두려움에 허둥지둥 걸상 밑에 엎드렸네.

네가 이미 내게 왔으니 내 응당 길러주어,

내 양식 아껴서라도 너에게 먹이 주리.

가엾구나 죄 없이도 참혹함 당했으니.

머물러서 길이 살며 새벽 알려 울어다오.

숲 속 새는 양식 없어도 구속받지 않건만

가축은 양식 있어도 삶아질까 근심하네.

이제부터 원한 빚진 감옥에서 벗어나서

날 따라 극락 가서 부처를 염불하리.

(연주상인蓮舟上人의 시)

送歲鞭炮聲斷續, 四鄰割雞群雞哭,

忽然一雞飛入屋, 奔奔懾懾榻下伏.

爾旣投我我應畜, 節縮我糧供爾啄,

憐爾無辜遭慘毒, 留作長生報曉喔.

逐歲鞭炮聲斷續　四鄰剁雞牽豬宰
忽然一雉飛入屋　奔、懼、禱、檮下伏
兩跪授我頎高　卯綰我糧供囷啄
憐尒与畢逮掠毒　留作長生報曉喔
林禽言糧言狗彘　家畜有糧起烹殺
是方此脫宪侯獄　随我生西随念佛

蓮舟上人詩

投畀

林禽無糧無拘束, 家畜有糧愁烹戮,

從茲跳脫冤債獄, 隨我生西隨念佛.

(蓮舟上人詩)

已赴網羅遭困厄
將投湯火受驚忡
臨刑遇救恩無極
彼壽隆兮爾壽隆

壽沈禪師詩

「客人忙攔阻、
『我今天吃素』！

형장에서 풀려난 닭[客人忙攔阻:"我今天吃素!"]

이미 그물 걸려서는 재앙을 만나서

끓는 물과 뜨거운 불에 던져질 두려움 겪으려는데,

형장에서 사면 받으니 은혜가 한량 없어

제 수명도 길어지고 네 수명도 늘어나리.

(수광선사壽光禪師의 시)

已赴網羅遭困厄, 將投湯火受驚忡,

臨刑遇赦恩無極, 彼壽隆兮爾壽隆.

(壽光禪師詩)

幸福的雞

光明山普覺寺
放生園

我作護生畫　三十又一幅
星洲廣洽僧　寄我一函懷
自言上元日　乘車訪幽棲
車中有乘客　繩縛五雞足
雲將去割烹　以助元宵樂
五雞見老僧　叩首且拳曰
夕明求救援　有口不能哭
老僧為之命　願用金錢贖
奪彼十五圜　雪此一冤獄
放之光明山　永不受殺戮
此僧真慈悲　此雞真幸福
護生第三集　此幅方滿足
我為作此歌　又為作此幅

緣緣堂主詩

5달러의 구원[幸福的雞]

나는 생명 보호하는 그림 그렸으나

일흔 장 그림에 한 폭이 모자라네.

성주星洲 사는 광흡廣洽이란 스님이

나에게 편지 한 통 보내어 왔네.

스스로 말하였다. "상원날에,

차 타고 한적한 곳 찾아가는데

차 안에 타고 있는 어떤 승객이

다섯 마리 닭발 줄로 묶고 있었네.

말하기를 "장차 가서 요리하여

정월대보름의 즐거움을 돕겠소"

다섯 마리 닭이 늙은 중을 보자

머리 조아리고 또 눈을 들었네.

구원을 청하는 것이 분명했으나,

부리 있어도 울부짖을 수 없었네.

늙은 중이 목숨을 구하기 위해,

속전 내서 값 치르길 원하였다네.

외화 15불을 주고서

이 닭들의 억울한 옥살이 풀어 주었네.

그 닭들을 광명산光明山에 놓아주니,

영원히 죽임 당하지 않게 되었네."

이 스님은 참으로 자비로워서,

이 닭들은 참으로 행복하게 됐네.

내가 그를 위해서 이 노래 지어,

또 이 한 폭의 그림으로 만드노라.

호생 제3집은

여기에 이르러서 비로소 완성되었네.

(연연당주緣緣堂主의 시)

我作護生畫, 七十差一幅,

星洲廣洽僧, 寄我一函牘.

自言上元日, 乘車訪幽獨,

車中有乘客, 繩縛五雞足,

云將去割烹, 以助元宵樂.

五雞見老僧, 叩首且舉目,

分明求救援, 有口不能哭.

老僧爲乞命, 願用金錢贖,

番幣十五圓, 雪此一冤獄,

放之光明山, 永不受殺戮

此僧真慈悲, 此雞真幸福,

我爲作此歌, 又爲作此幅,

護生第三集, 至此方滿足.

(緣緣堂主詩)

我家傍西湖　門對放鶴亭　家養一白鷺　毛色白如銀
凌晨最先起　催僕掃門庭　晴日颺～吚　盧我有主賓
有時日尚未出　徘佪湖之濱　搖～凌攔
陽春二三月　湖上正清明　香車與寶馬　俠如泛輕鶩　歸來日已瞑
白鷺出門去　行駛不讓人　一車疾馳過
倒似血泊中　紅白何分明　行人不見靚　兒女溪淚襟
我為此其屍　小葬菖山陰　封樹立短碑　題曰白鷺墳
鷺墳乏鶴塚　千古相對稱　緣～堂主詩

白鷺墳

서호의 희생된 백조[白鵝塚]

우리 집은 서호西湖 가에 있었는데,

문이 방학정放鶴亭과 마주하였네.

집에서는 한 마리 거위를 길렀으니

털빛이 하얗기가 은과 같았네.

새벽녘 되면 맨 먼저 일어나서,

종놈 재촉해 뜰을 쓸게 하였네.

맑은 날에는 꽥꽥 소리 지르며

찾아온 손님 있다 알려주었네.

때때로 당당하게 나가서는

호숫가를 오래도록 거닐었다가

작은 발로 종종걸음에 뒤뚱거리며

돌아오면 해 이미 저물었다네.

따사로운 봄날에 이삼월

호수 위는 때마침 청명하였네.

화려한 차와 좋은 말들이,

번개처럼 빠른 것이 놀랍구나.

흰 거위가 문밖으로 나가니,

도로에서 양보를 하지 않다가

차 한 대 빨리 달려 지나가면서

거위의 몸 바퀴로 치고 말았네.

피바다 속에 쓰러져서는

붉은 피와 흰 날개가 어찌 그리 선명하던지.

지나는 사람 차마 보지 못하고

아녀자들 눈물이 옷을 적셨네.

내가 거위 시신 거두어서,

갈산 북쪽에다 묻어 주고는

무덤 만들고 작은 비석 세워서

'백아분白鵝墳'이라 새겨 두었네.

거위의 무덤과 학의 무덤은

천고토록 마주보며 일컬어지리.

(연연당주緣緣堂主의 시)

我家傍西湖, 門對放鶴亭,

家養一匹鵝, 毛色白如銀.

淩晨最先起, 催僕掃門庭,

晴日睍睆叫, 告我有來賓.

有時昂然去, 徘徊湖之濱,

搖搖復擺擺, 歸來日已曛.

陽春二三月，湖上正清明，

香車與寶馬，倏如流電驚．

白鵝出門去，行路不讓人，

一車疾馳過，鵝身當其輪．

倒臥血泊中，紅白何分明，

行人不忍覩，兒女淚滿襟．

我為收其屍，卜葬葛山陰，

封樹立短碑，題曰白鵝墳．

鵝墳與鶴塚，千古相對稱．

（緣緣堂主詩）

321

使君學長生
而好食鴨肉
鴨肉令君肥
鴨寬倩誰贖

清 彭紹升鴨詩

春江水暖鴨先知

갚을 수 없는 빚 [春江水暖鴨先知]

그대가 장생을 배운다 하면서도
오리 고기 먹기를 좋아하누나.
오리 고기로 그대 살찌우지만,
오리 원혼의 빚은 누가 갚으랴.

(청淸나라 팽소승彭紹升의 「오리[鴨]」)

使君學長生, 而好食鴨肉,
鴨肉令君肥, 鴨冤債誰贖?

(清 彭紹升「鴨」詩)

手攜雙鯉魚　目送千里雁

悟彼飛有適　知此罹憂患

放之谿冷泉　因诗省諷慢

唐　王昌齡　見雁放魚诗

悟彼飛
有適
知此罹
憂患

기러기를 보고 잉어를 풀어주다 [悟彼飛有適, 知此罹憂患]

손에는 두 마리 잉어 들고서

눈으로 천 리 가는 기러기 전송하네.

저 기러기 자유롭게 나는 것 깨닫고

이 잉어가 근심과 재앙 겪음을 알아

깨끗하고 찬 샘물에 놓아주고서

지난날 무심함을 반성해 보네.

(당唐나라 왕창령王昌齡 「기러기를 보고 물고기를 놓아주다[見雁放魚]」)

手携雙鯉魚, 目送千里雁,

悟彼飛有適, 知此罹憂患,

放之淸冷泉, 因得省疏慢.

(唐 王昌齡「見雁放魚」詩)

施恩勿望報
吾非斯人徒

晚日棹村墅　家人罷畜蔬　青苔行廠下　壘以獻皇臭
無聲徐徐行　以柴相呴濡　傾觴瀉地下　澄利長尺餘
豈妄刀几愛　生見螻蟻圖　眈泉脈之久　浮沚雜可疏
放之小池中　且用救乾枯　水小池狹窄　動尾鬐四隅
一時事為活　失遠將何如　懷芳不浮沚　移放于南湖
南湖連西江　好去勿蜘躕　施恩印坐報　吾非斯人徒
不須泥沙底

唐　白居易　放魚詩

辛亥暮冬明珠

물고기를 풀어주다[施恩即望報, 吾非斯人徒]

새벽에 대광주리 가져가서는

사람들이 봄 채소 사서 왔는데

푸르고 푸른 나물들 아래에는,

한 쌍의 물고기 겹쳐 누워 있었네.

소리도 없이 다만 입만 벌린 채

입김 불어 서로를 적셔주고 있네.

광주리 기울여서 땅에 쏟으니

월척만한 물고기 펄떡거리네.

어찌 오직 칼과 도마의 근심뿐이랴

땅강아지와 개미마저 노리고 있네.

샘에서 벗어난 지 오래됐지만

물 만나면 소생할 수 있을 것이네.

물고기 못물 속에 놓아 주어서,

또 말라가는 것을 구해주었네.

물은 적었고 못은 좁아 터져서

꼬리 흔들면 모퉁이에 부딪치니,

잠시나마 가까스로 살아남았지만.

오래되면 장차 어떻게 될까

제자리 얻지 못함 불쌍히 여겨

남호에 옮겨다가 놓아주었네.

남호는 서강西江과 이어졌으니

머뭇대지 말고 잘 가도록 하렴.

은혜를 베풀면 보답을 바라지만

나는 그런 부류의 사람 아니니.

진흙이 쌓여있는 개펄의 밑에서

고생스레 구슬 찾길 바라지 않네.

(백거이白居易의「물고기를 놓아주다[放魚]」)

曉日提竹籃, 家人買春蔬,

青青芹蕨下, 疊臥雙白魚,

無聲但呀呀, 以氣相呴濡.

傾籃瀉地下, 潑剌長尺餘,

豈無刀幾憂, 坐見螻蟻圖.

脫泉雖已久, 得水猶可蘇,

放之小池中, 且用救乾枯.

水小池狹窄, 動尾觸四隅,

一時幸苟活, 久遠將何如?

憐其不得所, 移放於南湖,

南湖連西江, 好去勿踟躕.

施恩即望報, 吾非斯人徒,

不須泥沙底, 辛苦覓明珠.

(唐 白居易,「放魚」詩)

鱼子初生不畏人

湖上移魚子
初生不畏人
自逆識鉤餌
欲見更无因

宋 蘇軾詩

사람 믿던 어린 물고기^[魚子初生不畏人]

호수 위에 헤엄치는 물고기 새끼는

처음 날 땐 사람을 두려워 않네.

낚시 미끼 먹다가 잡힌 뒤부터

보고 싶어도 다시 볼 수가 없네.

(소식蘇軾의 시)

湖上移魚子, 初生不畏人,

自從識鉤餌, 欲見更無因.

(宋 蘇軾詩)

魚在水中生　人在水上死
食餌魚上鈎　失腳人下水
人死魚腹肥　魚死人口美
呼嗟魚与人　惡乎不知此

明僧宗林觀魚詩

人魚互胃腹

사람과 물고기 [人魚互膏腹]

물고기는 물 속에 있으면 살고,

사람은 물 속에 있으면 죽네.

물고기는 미끼 먹다 낚시 걸리고,

사람은 발 헛디뎌 물에 빠지네.

사람 죽으면 물고기 배 살찌우고

물고기 죽으면 사람 입맛 돋우네.

아아! 물고기와 사람은

어찌하여 이 이치를 알지 못하나.

(명明나라 승려 종림宗林의 「물고기를 보다[觀魚]」)

魚在水中生, 人在水中死,

食餌魚上鉤, 失脚人下水.

人死魚腹肥, 魚死人口美,

吁嗟魚與人, 惡乎不知此!

(明僧 宗林, 「觀魚」詩)

食魚授魚骨
江與見之泣
生身託籃生
安能慎出入
清　錢�𡑭陳江山船謠

母親的屍骨

강물의 비명[母親的屍骨]

물고기 먹고 강에 뼈를 던지니,

물고기 이를 보고 눈물 흘렸네.

목숨을 인간에게 맡기었으니

어찌 오가는 길을 삼가게 되랴.

(청淸나라 전진군錢陳群 의 「강산선요江山船謠」)

食魚投魚骨, 江魚見之泣,

生身托鯢生, 安能愼出入.

(清 錢陳群, 「江山船謠」)

買魚要買活
臨刑自逃脫

買田要要肥　買魚須要活
買花須要美　買田須要闊
若教買命放　一毛不肯拔
黃泉路途險　失腳也難活

慈悯禪師偈

생명의 가치 [買魚要買活, 臨刑自逃脫]

고기를 살 때에는 살진 것 원하고

물고기를 살 때에는 산 것 원하네.

꽃을 살 때에는 예쁜 것을 원하고

밭을 살 때에는 넓은 것을 원하네.

만약 생명을 사서 놓아주라 한다면,

털 한 올도 기꺼이 뽑지 않으리.

황천의 길은 험난하기만 하니,

발 헛디디면 살아남기 어려우리.

(자민선사慈愍禪師의 게송)

買肉須要肥, 買魚須要活,

買花須要美, 買田須要闊.

若教買命放, 一毛不肯拔,

黃泉路途險, 失脚恐難活.

(慈愍禪師偈)

香餌自香魚不食
釣竿只掉主蜻蜓

興發泛輕舟　客乃在中流
一鯉躍出水　向客恨中提
落心甚驚異　我知魚所求
我作護生畫　豈宗將汝收
今嘗多繪馬　勸人勿垂鉤
客喜從鯉奧　好去莫回頭

緣三堂主詩

도움을 청한 잉어 [香餌自香魚不食, 釣竿只好立蜻蜓]

나그네와 가벼운 배를 띄워서

중류에서 한가로이 떠다니었네.

잉어가 물속에서 뛰어나와서,

나그네 품속으로 몸을 던졌네.

나그네 맘이 매우 놀랐으나,

난 잉어가 바라는 것 알고 있었네.

난 생물 보호하는 그림을 그렸으나

아직 너를 그림에 담지 못했네.

이제 마땅히 그림 많이 그려서,

사람에게 낚시 말라 권할 것이네.

손님이 기쁘게 잉어 놓아 주면서,

"잘 가라, 돌아보지 말라" 하였네.

(연연당주緣緣堂主의 시)

與客泛輕舟, 容與在中流,

一鯉躍出水, 向客懷中投,

客心甚驚異, 我知鯉所求.

我作護生畫, 尚未將汝收,

香餌自香魚不食
釣竿空役立蜻蜓

興盡泛輕舟　容與在中流
一鯉躍出水　向客懷中投
告心甚驚異　我知輕餌求
我作護生畫　豈束將汝收
今當多繪馬　勸人勿垂鉤
家喜縱鯉奧　好去莫回頭

緣緣堂主詩

今當多繪寫, 勸人勿垂鈎,

客喜縱鯉魚, 好去莫回頭.

(緣緣堂主詩)

残酷的风雅

垂綸稱風雅　魚向雅人哭
甘餌藏利鉤　用心何惡毒
穿顋鑽脣皮　用刑何殘酷
風雅若如此　我願為庸俗

緣緣堂主詩

잔인한 낚시 [殘酷的風雅]

낚싯줄 드리움을 풍류라 하나

물고기는 풍류객 향해 울었네.

맛난 미끼 속 날카로운 갈고리

그 심보가 어찌 그리 악독하던가?

턱 뚫고 입술 가죽 꿰뚫었으니,

형벌이 어찌 그리 잔혹하던가?

풍류가 만약에 이와 같다면,

난 저속해지길 원할 뿐이네.

(연연당주緣緣堂主의 시)

垂綸稱風雅, 魚向雅人哭,

甘餌藏利鈎, 用心何惡毒?

穿顎鑽唇皮, 用刑何殘酷?

風雅若如此, 我願爲庸俗.

(緣緣堂主詩)

带湖吾甚爱　千丈翠奁开
先生杖履无事　一日走千回
凡我同盟鸥鹭　今日既盟之后
来往莫相猜　白鹤在何处
尝试与偕来
宋　辛稼轩词

同盟鸥鹭

새들과의 맹세 [同盟鷗鷺]

대호帶湖를 내가 무척 사랑하나니

천 길의 푸른 경대 펼쳐 놓은 듯.

선생은 지팡이 짚고 나막신으로

하루에도 천 번씩 거닐 곤 했네.

내가 갈매기와 해오라기와 맹세 했으니,

오늘 이 맹세를 한 이후로는

서로 오가며 의심하지 말자.

흰 학은 어디에 있는가?

그도 함께 오도록 권해 보세.

(송宋나라 신가헌辛稼軒의 사詞)

帶湖吾甚愛, 千丈翠奩開.

先生杖屨無事, 一日走千回.

凡我同盟鷗鷺, 今日既盟之後, 來往莫相猜.

白鶴在何處? 嘗試與偕來.

(宋 辛稼軒詞)

窗前好鳥似嬌兒

翠衿紅觜便知機
久避重羅隱復飛
祇為逆來偏護惜
窗前今貸主人歸

唐 羽室闌　喜山龍和歸詩

반가운 까치의 귀환[窗前好鳥似嬌兒]

푸른 깃 붉은 부리 까치, 위험을 예감하고,

오래 그물 피해서는 안전한 곳 날아오네.

예로부터 주인의 특별한 보살핌 받았기에

창 앞에서 이제 주인 돌아옴 축하하네.

(당唐나라 사공도司空圖의 「산 까치가 처음 돌아옴을 기뻐하며[喜山鵲初歸]」)

翠衿紅嘴便知機, 久避重羅隱處飛,

祇爲從來偏護惜, 窓前今賀主人歸.

(唐 司空圖, 「喜山鵲初歸」詩)

遠征

南北路何長
中間萬戈張
不知烟霧裡
幾隻到衡陽

唐 陸龜蒙
雁詩

기러기의 위험한 여정[遠征]

남에서 북으로 가는 길 어찌 그리 먼 지
그 사이에 화살이 빗발치듯 쏟아지리.
알 수 없구나, 연기와 안개 낀 속에서
몇 마리나 형양[衡陽]에 도착했는지?
(당[唐]나라 육구몽[陸龜蒙]의 「기러기[雁]」)

南北路何長, 中間萬弋張,
不知煙霧裏, 幾隻到衡陽?

(唐 陸龜蒙, 「雁」詩)

我家深山中　天空任翱翔
朝游白雲鄉　著宿青松林
聞來歌一曲　甘露任我飲
其閑樂籠內　芝苗充我糧
昔思早遶鄉　一旦為人虜
堂向人獻媚　俯仰不自由
　　　　　　故特寄絲地
　　　　　　恨不能奮翅
　　　　　　長歌以當哭

借：堂主詩

秋來見月多歸思
曉起開籠放鶴歸

새장 속 새의 슬픈 노래[秋來見月多歸思, 曉起開籠放鷓鴣]

내 집은 깊은 산중 자리하여서

하늘에 마음대로 훨훨 다녔네.

저물 때면 푸른 솔숲에서 자고

아침이면 백운향白雲鄕*에서 놀았네.

단 이슬 내 마음껏 마시어댔고

지초와 백출로다 양식 삼았네.

한가로울 때 한 곡조 노래하노니

그 즐거움이 또한 넘쳐흘렀네.

하루아침에 사람에게 잡히게 되어

새장 안에 그대로 갇혀 버렸네.

고개 들고 숙임도 자유롭지 못하고

이리저리 도는 것도 여유가 없네.

일찍 고향 돌아가려 애를 태우고,

힘차게 날지 못함 한탄하였네.

소리 높여 노래로 곡을 대신하니,

어찌 사람들에게 아첨하겠나?

---

* 　백운향(白雲鄕) : 신선이 사는 하늘나라로, 『장자(莊子)』 「천지(天地)」에 "저 흰 구름을 타고 제향에 이른다[乘彼白雲 至於帝鄕]" 한 데서 유래하였다.

我家深山中　天空任翱翔　暮宿青松林
朝游白雲鄉　甘露任我飲　芝朮充我糧
閒來歌一曲　其樂之淳：　一旦為人虜
朝閒葵籠内　俯仰不自由　輾轉臭穢地
苦思早還鄉　恨不能奮翅　長歌以當哭
莫向人獻媚

憨堂題詩

秋來見月多歸思
曉起開籠放鶺鴒

(연연당주^{緣緣堂主}의 시)

我家深山中, 天空任翱翔!

暮宿青松林, 朝遊白雲鄉.

甘露任我飮, 芝朮充我糧,

閑來歌一曲, 其樂也洋洋.

一旦爲人虜, 禁閉樊籠內,

俯仰不自由, 旋轉無餘地.

苦思早還鄉, 恨不能奮翅,

長歌以當哭, 豈向人獻媚!

(緣緣堂主詩)

新竹成陰無彈射
不妨同享北窗風

飛來山鳥語惺忪
卻是幽人未睡中
新竹成陰無彈射
不妨同享北窗風
宋 陸游
護生

평화로운 시간[新竹成陰無彈射, 不妨同享北窓風]

날아온 산새가 막 깨어 재잘대는데

그런데 은자는 반쯤 잠에 빠져 있네.

들 대숲 그늘지니 화살 쏘지 않고

북쪽 창가 바람 함께 즐김 거리낌 없네.

(송宋나라 육유陸遊의 「생명을 보호하는 노래[護生吟]」)

飛來山鳥語惺忪, 却是幽人半睡中,

野竹成陰無彈射, 不妨同享北窓風.

(宋 陸遊, 「護生吟」)

天地刳樊籠
園林是多龍

百囀千聲隨意移
山花紅紫自高低
始知鎖向金籠聽
不及園林自在啼

宋 歐陽脩 畫眉詩

새장과 숲 [天地爲室廬, 園林是鳥籠]

온갖 소리 지르며 마음대로 날아다니니,

산꽃 붉고 자주색이요 나무 높고 낮네.

비로소 알겠노라. 화려한 새장 갇혀 울던 소리가

동산 숲에서 자유롭게 우는 것만 못함을.

(송宋나라 구양수歐陽修의 「화미조[畫眉]」)

百囀千聲隨意移, 山花紅紫自*高低,

始知鎖向金籠聽, 不及園林自在啼.

(宋 歐陽修, 「畫眉」詩)

---

* 원문에는 자(自)가 수(樹)로 되어 있다. 여기서는 수(樹)로 새긴다.

幾處雙飛燕
銜泥上藥欄
莫教鶯浸去
留取隔簾看
宋 范成大詩

唯有舊巢莊主人貧未歸

주렴 너머의 제비 [唯有舊巢燕, 主人貧亦歸]

어디에서 쌍쌍으로 날아온 제비가

진흙 물고 꽃밭 난간 오르누나.

제비 놀라 날아가게 하지 말고,

조용히 주렴 너머 바라보리라.

(宋나라 범성대^{范成大}의 시)

幾[＊]處雙飛燕, 銜泥上藥欄,

莫教驚得去, 留取隔簾看.

(宋 范成大詩)

＊　원문에 기(幾)는 저(底)로 되어 있다. 여기서는 저(底)로 새긴다.

宵庭有餘粒　寒雀往還飛
眄睐旁無人　翔集下踈籬
一啄復三顧　慮為物所窺
幽人負暄坐　玩之淡忘機
元　王惲詩

一啄復三顧
慮為物所闚

신중한 참새 [一啄復三顧, 慮爲物所窺]

한가한 뜰에 곡식 남아 있으니

추운 참새 왕래하여 날아다니네.

옆에 사람 없는 지 곁눈질하다,

날아와 떼 지어서 성긴 울에 앉네.

한번 모이 쪼면서 세 번씩 보니,

해칠 것들 엿보는 지 염려해서지.

은자는 햇볕 쬐며 등지고 앉아

구경하며 담담히 기심 잊었네.

(원元나라 왕운王惲의 시)

閑庭有餘粒, 寒雀往還飛,

眄睞旁無人, 翔集下疏籬.

一啄復三顧, 慮爲物所窺,

幽人負暄坐, 玩之淡忘機.

(元 王惲詩)

但令四海常豐稔
不嫌人間雀鳥多

曲巷高檐遊網羅
朝來飽啄隴頭禾
但令四海常豐稔
不嫌人間鼠雀多

明　方孝孺百雀詩

풍년이 주는 여유 [但令四海長豐稔, 不嫌人間鼠雀多]

외진 골목과 높은 처마에서 그물 피해,

아침 되면 밭두렁에서 벼 배불리 쪼아 먹네.

다만 온 세상 항상 풍년 든다고 하면,

세상에 쥐나 참새 많은 것 꺼리지 않으리.

(명明나라 방효유方孝孺의 「참새 떼[百雀]」)

曲巷高檐避網羅, 朝來飽啄隴頭禾,

但令四海常豐稔, 不嫌人間鼠雀多.

(明 方孝孺,「百雀」詩)

姊妹折时休折尽
留他花底
宿鸳鸯

莲叶莲叶满池塘
不但花香水亦香
姊妹折时休折尽
留花几朵护鸳鸯
清
王淑 采莲词

원앙을 위해 남긴 연꽃 [姊妹折時休折盡, 留他幾朵覆鴛鴦]

연꽃과 연잎이 연못에 가득하니

꽃만 향기로울 뿐 아니라 물도 향기롭네.

자매들아! 꽃 꺾을 때 모두 다 꺾지 말고,

몇 송이 남겨두어 원앙새 보호케 하라.

(청淸나라 왕숙王淑의 「채련采蓮」사詞)

蓮華蓮葉滿池塘, 不但花香水亦香,

姊妹折時休折盡, 留花幾朵護鴛鴦.

(淸 王淑, 「采蓮」詞)

青山不識我姓氏
我亦不識青山名
飛來白鳥似相識
對我對山三兩聲

宋 葉茵 詩

飛來白鳥似相識

낯선 산에서의 교감[飛來白鳥似相識]

푸른 산은 내 성씨 알지 못하고

나도 푸른 산 이름 몰랐었는데

날아온 흰 새 서로 아는 듯하여,

나와 산 향하여서 서너 번 울어대네.

(송宋나라 섭인葉茵의 시)

青山不識我姓氏, 我亦不識青山名,

飛來白鳥似相識, 對我對山三兩聲.

(宋 葉茵詩)

思鄉之歌

竟日語還默　中宵棲復驚

身囚緣彩翠　心苦為分明

暮起歸巢思　晝多憐偶戲

誰能拆籠破　送放快飛鳴

唐 白居易鸚鵡詩

새장 속 앵무새[思鄕之歌]

온종일 말하다가 도리어 침묵하고,

한밤중에 깃들었다 다시 놀라네.

몸 갇힌 건 비췻빛 깃털 때문이었고

마음이 괴로운 건 총명함 때문이네.

저물녘에 둥지 향한 그리움 일어

봄날에는 짝 그리는 소리가 많네.

누가 능히 새장을 부수고서는,

새 놓아 마음껏 날며 울게 할까.

(당唐나라 백거이白居易의 「앵무鸚鵡」시)

竟日語還默, 中宵棲復驚,

身囚緣彩翠, 心苦爲分明.

暮起歸巢思, 春多憶侶聲,

誰能拆籠破, 從放快飛鳴!

(唐 白居易, 「鸚鵡」詩)

羅家得雀喜　少年見雀悲

拔劍捎羅網　黃雀得飛飛

飛飛摩蒼天　下來謝少年

魏曹植野田黃雀行

飛飛摩
蒼天
來下謝
少年

그물을 끊어준 소년 [飛飛摩蒼天, 來下謝少年]

그물 친 이 참새 잡아 기뻐하여도,

소년은 참새 보고 슬퍼하노라.

칼 뽑아서 그물을 끊어버리니,

참새가 훨훨 날 수 있게 되었네.

훨훨 날아 푸른 하늘 오르려다가,

새 내려와 소년에게 감사 전하네.

(위魏나라 조식曹植의 「들판의 참새[野田黃雀行]」)

羅家得雀喜, 少年見雀悲,

拔劍捎羅網, 黃雀得飛飛,

飛飛摩蒼天, 來下謝少年.

(魏 曹植, 「野田黃雀行」)